"좌선(坐禪)은 평화(平和)이며 지복(至福)이고 침묵의 기쁨이다"

나의 坐禪日記

최명숙 지음

도서
출판 행복에너지

나의 坐禪日記

초판 1쇄 발행 2022년 6월 30일

지 은 이	최명숙
발 행 인	권선복
편 집	권보송
디 자 인	서보미
전 자 책	오동희
발 행 처	도서출판 행복에너지
출판등록	제315-2011-000035호
주 소	(157-010) 서울특별시 강서구 화곡로 232
전 화	010-3267-6277, 02-2698-0404
팩 스	0303-0799-1560
홈페이지	www.happybook.or.kr
이 메 일	ksbdata@daum.net

값 20,000원

ISBN 979-11-92486-01-7 (03220)

도서출판 행복에너지는 독자 여러분의 아이디어와 원고 투고를 기다립니다. 책으로 만들기를 원하
는 콘텐츠가 있으신 분은 이메일이나 홈페이지를 통해 간단한 기획서와 기획 의도, 연락처 등을 보
내주십시오. 행복에너지의 문은 언제나 활짝 열려 있습니다.

나의 坐禪日記

최명숙 지음

목차

1장.　2015년 3월~2015년 5월

2장.   2015년 6월

3장.   2015년 7월

4장. 2015년 8월

2015년 3월
~2015년 5월

如來의 秘密

如來의 秘密을 모두 밝혔다.

法華經에서 「如來秘密 · 神通之力」 法華經

般若波羅密多心經 唐三藏法師玄奘譚
觀自在菩薩. 行深般若波羅密多恃. 照見五蘊背空.
慶一切苦厄. 舍利子. 色不異空. 空不異色.
色卽是空. 空卽是色. 受想行識亦復如是. 舍利子.

　벽을 마주 보고 앉아라. 벽과의 거리는 팔을
뻗었을 때 닿을 정도로 하라. 눈을 반쯤 뜨고 벽
을 부드럽게 응시한다. 등은 곧고 편안하게 한다.

양손을 배꼽 아래로 모아서 손바닥이 위로 오게 겹치고, 양손의 엄지를 맞대어 달걀 모습의 원을 만든다.

30분 동안 되도록이면 고정된 자세로 앉아있어라. 앉아있는 동안, 아무것도 선택하지 않는 가성의 상태를 유지하라. 특별히 어떤 것에도 관심을 집중시키지 말고, 매 순간 수용적이고 깨어있는 의식을 유지하라.

Buddha가 손짓으로 그를 불러 꽃을 건네주고 대중에게 이렇게 말했다.

"나에게는 正法의 눈이 있다. 言語를 통해 말할 수 있는 것은 이제 그들에게 모두 주었다. 그러나, 正法의 열쇠는 이 꽃과 더불어 마하 가섭에게 주노라!" 이 일화는 가장 중요한 사건 중 하나이다. 이 일화에서 선의 전통이 시작되었다. Buddha가 禪의 根源이라면, 마하가섭은 첫 번째 스승이었다. 地上에 存在하는 가장 아름답고

生動感이 있는 傳統中의 하나인 禪이 이야기에서 由來했다.

아무것도 하지 말고 앉아라.
그대는 아무것도 하지 않고 그리 앉아 있다.
모든 것이 침묵에 잠긴다.

모든것이 平和이고 至福이다.
그대는 禪의 世界로, 出現의 世界로 들어선다.
가능한 한 몸을 움직이지 말라.
몸이 움직이지 않으면 마음 또한 자동적으로 고요해진다.
몸이 움직이면 마음도 덩달아 움직인다.
몸과 마음은 따로 분리된 것이 아니기 때문이다.

좌선

세상에 나와 처음으로 내 방에 들어가 방석을 깔아놓고, 부처님께 예불을 올리고 기도를 하고, 그리고 30분을 기준으로 좌선의 몸으로 눈을 지긋이 감고 앞의 병풍을 보고 앉았다. 그날 그대로 30분 동안 몸을 움직이지 않고 앉아있었다. 부처님의 모습을 取하고 30분은 앉아있을 수 있을까 반신반의하면서도 이를 악물고 해보겠다는 각오로 앉아있기로 했다. 이런저런 생각이 떠올랐다. 참고 참는 마음을 다잡고 앉아있었다. 무슨 생각이 그리도 맴도는지 정리할 수도 없고 정돈도 되지 않았다.

이러면서 순간적으로 몸도 움직여졌다. 수없는 생각들이 앞서거니 뒤서거니 뒤죽박죽되어 잡념으로 갇히고 마음은 혼란스러웠다. 그러나 난생처음으로 각오를 단단히 다지고 앉아있기로 했으니, 참는 것 외에 더 어찌할 수 없었다. 모든 것을 리셋하는 법의 첫걸음을 떼야 하니 어쩔 수 없지 않은가.

無心의 상태가 되었으면 하는 바람이 요구되고 있었다. 그냥 편안한 마음 상태로 있기가 이토록 어렵고 힘이 든다는 것을 예전엔 몰랐다. 처음 겪는 최선의 호시로 생각하고 움직이지 않는 상태에서 침묵하기란 정말 힘들었다. 그런 혼란스러움과 자기와의 싸움을 통해 一心不緯의 상황으로 몰고 갈 수 있으면 하는 바람으로 가득한 나는, 나라는 의식은 지우고 아무것도 없는 無의 상태에서 침묵하는 것이 말처럼, 가르침처럼 되지 않았다. 그런 것을 감수하고 그날 그런 자세를 取하고 책에서 가르친 대로 그런 침묵과 생각

지움으로 있도록 애를 쓰는 것이었다.

잡념도 일어나고 한쪽으로 의식이 모아지지 않았다. 그러나 어떤 경우에도 참고 견디는 싸움으로 그냥 버텨 나갔다. 찰나의 고요함도 없지 않았다. 바라기는 無心의 침묵에 도달할 수 있는 것은 어떤 경지고 수행 없이는 될 수 없음을 깨닫는 것 같았다. 허리도 약간 뻐근해지고 몸도 쑤시고 더 이상 버티기 어렵다고 생각되었다. 잠시 동안 몸을 가눌 수가 없었다. 그 자리에서 엎드려 천천히 두 손을 방바닥에 의지하고 자리에서 일어나려고 하다가 에라 모르겠다 그대로 뒤로 벌렁 누워서 두 다리와 발을 쭉 뻗고 드러누웠다.

이렇게 편할 수 있을까? 머리끝에서 발끝까지 시원해지면서 쑤시고 아픈 곳도 사라지는 순간이었다. 마루로 나와 안락의자에 편안한 자세로 다리를 쭉 펴고, 등을 의자에 기대자 지옥이라도 갔다 온 것처럼 몸은 가볍고 세상이 다 밝고 넓게 보였다.

아. 이 편안함이여, 이 시원함의 자유여. 깊은 숨을 쉬는 순간 몸속의 굴레서 해방되는 기분 좋은 상태가 느껴졌다. 나는 웃음을 되찾았다. 그리고 일어서서 벽시계를 보았다. 약속된 시간 넘게 거의 한 시간을 버티고 있었다는 것을 비로소 알았다. 아, 내일도 계속해서 해 보겠다는 자신감 비슷한 것이 생겨났다. 그리고 웃음이 절로 나오는 것이었다. 나도 모르게 웃음이 자꾸자꾸 밖으로 튀어나오는 것이었다.

기분이 좋아지자, 일어나서 나도 모르게 두 손을 흔들면서 우리의 전통춤을 흉내 내며 천천히 돌면서 더더욱 웃으면서 춤을 추었다. 이상한 體驗을 맛보게 되었음에 기쁨에 흠뻑 취하지 않을 수가 없다. 내일 다시 시작하겠다는 결의가 발동하

게 되었다. 미약했지만 새로운 체험을 했다. '처음
이자 마지막 자유'로의 의식을 가다듬게 되었다.

　더 이상 헤매는 시간은 없도록 뛰는 힘을 나
는 얻었다. 더 이상 방황하지 않기를 결심했다.
仏經의 가르침에 깨달아 지금 고통과 아픔을 이
겨내도록 다시 흐트러진 마음을 가다듬고 仏경
에 매진하기로 자신과 약속한다.

마지막 날

　잠에서 깨자, 새벽 2시 30분이었다. 다시 이
불 속으로 잠을 청했으나, 바로 잠이 오지 않자,
그대로 마루로 나왔다. 정신을 가다듬었다. 샤워
를 끝내고 나는 여래방으로 들어왔다. 방석을 걸
어놓고 병풍 앞에 잠시 기도를 올렸다.

노동절, 법의 날

내가 일기를 쓰는 시간은 4시 40분이었다. 나는 책을 펴고 좌선을 읽었다. 3일째 읽고 있다.

들랑날랑 화장실을 두 번이나 세 번쯤 드나들었다. 약간 피곤한 듯했지만, 일어나 어제의 명상을 잇기로 했다. 샤워를 마치고 如來방에 들어갔다. 잠시 기도를 드리고 좌선을 취했다. 滿足할 정도는 아니었다. 40分가량 고요히 앉아있는데는 성공했다. 마루로 나와 물을 마시고 안락의자에 앉아 긴장을 풀었다. 그리고 다시 들어가 명상을 계속했다. 20~30分 하다가 글방으로 옮겼다. 좌선, 좌선하는 법 그리고 禪의 웃음소리를 획득했다.

암기해 두어야 할 文章을 써놓기로 했다.

Buddha가 손짓으로 마하가섭을 불러 꽃을
건네주고 대중에게 이렇게 말했다.

"나에게는 正法의 눈이 있다. 言語를 通해 말
할 수 있는 것은 이미 그대들에게 모두 주었다.
그러나 正法의 열쇠는 이 꽃과 더불어 마하가섭
에게 주노라."

이 Episode는 가장 重要한 사건 中 하나이다.
이 일화에서 禪의 전통이 시작되었다. 禪이 이
이야기에서 由來했다.

"言語로 말해 줄 수 있는 것은 이미 그대들
에게 모두 주었다. 그러나 言語로 말할 수 없을
것, 그것을 나는 마하가섭에게 전한다. 이 열쇠
는 言語로 전할 수 없는 것이다. 이제 나는 이 열

쇠를 마하가섭에게 넘겨주노라." 이것이 禪의 起
源이다.

The first and last Freedom

좌선하는 법

아무것도 하지 말고 앉아라

그대는 아무것도 하지 않고 앉아있다.

모든 것이 침묵에 잠긴다.

모든 것이 平和이고 至福이다.

그대는 神의 世界로, 眞理의 世界로 들어선다.

가능한 한 몸을 움직이지 말라.

몸이 움직이지 않으면 마음도 또한 자동적으로 고요해진다.

몸이 움직이면 마음도 덩달아 움직인다.

몸과 마음은 따로 분리된 것이 아니기 때문이다.

그들은 하나이다. 하나의 에너지이다.

禪客들은 아무것도 하지 말고 그저 앉으라고 말한다. 그것은 세상에서 가장 어려운 일이다. 그러나 일단 이 기술을 알게 되면, 하루에 몇 시간씩 아무것도 하지 않고 있기를 몇 달 동안 계속하면, 많은 變心이 일어날 것이다. 처음에는 졸음이 오고 꿈결처럼 아득하게 여러 생각들이 지나갈 것이다. 수많은 사념이 일어날 것이다. 마음은 이렇게 믿을 것이다.

벽을 마주 보고 앉아라. 벽과의 거리는 팔을 뻗었을 때 닿을 정도로 하라. 눈을 반쯤 뜨고 벽을 부드럽게 응시한다. 등은 곧게 펴야 한다. 양손을 배꼽 아래로 모아서 손바닥이 위로 오게 접하고, 양손의 엄지를 맞대어 달걀 모양의 원을 만든다. 30분 동안 되도록이면 고정된 자세로 앉아있어라.

앉아있는 동안, 아무것도 선택하지 않는 가성

의 상태를 유지하라. 특별히 어떤 것도 관심을 집
중시키지 말고, 매 순간 수용적이고 깨어있는 의
식을 유지하라.

존재할 수 있는 기회

12시 10分 如來房에 들어가 좌선에 들었다. 두 손을 접하고 곧게 앉아 그대로 앉았다. 호흡은 평소 하는 대로, 잡념은 줄었다. 完全히 無心에 가려면 요원함을 알았다. 비움의 상태에 이르면 無限시간은 아직, 아직 멀었다. 어제만큼 했다. 12시 10分 입실에서 1시 10분 전 40분 정도 시간은 유지되었다. stretch 5分 허리가 시원했다.

달마는 열쇠를 받을 수 있는 사람, 침묵을 이해할 수 있는 사람, 마음에 집착하지 않고, 가슴대 가슴으로 살릴 수 있는 사람, 머리가 없는 사

람을 찾아 中國으로 들어갔을 때, 이와 함께 佛敎
가 中國에 流入되었다. 言語를 넘어선 이러한 交
流는 가슴과 가슴으로만 가능하다. 中國人이 선
의 7번째 祖師가 되었다.

　Buddha가 그를 불러(마하가섭) 꽃을 건네주며
이렇게 말했다. "여기, 그대에게 열쇠를 傳하노
라." 무엇이 열쇠인가? 침묵과 웃음이 열쇠이다.
내면의 침묵, 외면의 웃음, 이것이 열쇠며 넘쳐
나는 침묵은 웃음이 된다. 홍수처럼 불어난 침묵
은 사방으로 넘치기 시작한다. 이것이 웃음이다.
마하가섭은 미친 듯이 웃었다. 하지만 그 웃음
속에 마하가섭은 없었다. 침묵이 웃고 있었다.
침묵이 웃음의 꽃으로 활짝 피어난 것이다.
　침묵이 즐거움의 축제로 피어나야만 비로소
깨달음이 完璧(완벽)하다고 말해 주었다. 따라서
나는 명상 후에 즐거움의 축제를 벌일 것을 강조
한다. 침묵한 다음에는 그것을 즐기고 감사해야

한다.

그대가 存在할 수 있는 기회,
명상할 수 있는 기회,
침묵할 수 있는 기회,
웃을 수 있는 기회를 선사한 存在界 全體에 대해
깊은 감사를 표해야 한다.

어린이날

대공원에 갔다. 도중에 내 곁에 앉아있던 아기엄마는 우유를 먹이고 있었다. 다 먹고 나서 고개를 좌우로 흔들었다. 아기는 나와 시선이 마주쳤다. 나는 손을 들어 아기를 보면서 웃는 모습을 보았다. 그는 빤히 나를 잠깐 응시하듯 미소를 짓다가 엄마 가슴에 고개를 숙이곤 했다.

다시 그는 나를 빤히 쳐다보고 미소 지었다. 하얀 이가 아래 2개 보였다. 나는 덩달아 웃음을, 손을 흔들며 보내 주었다. 그는 점점 더 귀여운 웃음을 보내다가 엄마 가슴에 고개를 파묻곤 했다.

대공원에 당도하기까지 즐겁고 기분 좋은 시간이 내 생각을 사로잡았다. 나는 친구에게 그 말을 전하며, 까마득하게 잊고 있었던 나의 갓난아이 시절을 떠올렸다. 아기가 몇 살이냐고 엄마에게 물었다. 8개월이 되었다고 했다. 어쩌면 그렇게도 귀엽던지 공원으로 걸을 동안 계속 친구와 함께 유아시절을 회상하면서 여유롭게 꽃과 분수 장미원을 한 바퀴 돌았다.

인산인해의 가족 단위 큰 잔치, 공원에 가득한 사람들이 모두 다 즐겁고 행복한 축제 속에 기쁨과 웃음 속으로 흘러가고 있었다.

빨간 꽃의 女人

어제 산책길에서 앞만 보고 걷고 있던 나는
부인들 가운데 한 분이 빨간 꽃을 들고 미소 지
으면서 다정한 이야기를 나누며 지나가는 것을
보았다. 그 빨간 꽃은 어제 내가 본 꽃이었다.
산책길에는 이름 모를 많은 풀꽃들이 무성하게
피어나 마음껏 green을 발산하고 있다. 보는 것
만으로 즐겁고 내 눈을 즐겁게 해주는 풀꽃에 새
삼 고맙다는 생각을 하게 된다.

그중에 어제 보았던 다정하게 걷고 있는 女人
중 한 사람의 빨갛고 매혹적인 꽃이 내 눈을 아

른거리게 했다. 솔직히 한참 동안 발을 멈추고 볼 정도로 주변에 핀 그 빨간 꽃은 탐스러웠다. 정열의 상징인 장미처럼 짙은 빛깔의 꽃 4, 5송이를 꺾어 손에 들고 가던 그 여인이 내 눈에 아른거렸다. 그리고 생각했다. 이 세상에 生命을 가지고 나온 그 빨간 꽃은 어디선가 날아온 씨앗에서 비롯되어 보란 듯이 예쁜 유혹을 하고 있었던 것이었다.

산책길 건너 사람들에게 꽃은 유혹의 대상임에 틀림없다. 며칠 전에도 그 꽃송이들의 색깔의 유혹에 끌려 잠시 멈추어 한참 바라보았었다. 한 송이 꺾어 보고 싶어 가지고 갈 생각을 했었다. 하지만 관찰한 것만으로 그 꽃은 나그네의 기분을 즐겁게 해주고 며칠 안에, 우리들 눈앞에서 사라질 것이다.

꽃을 들고 가는 그 女人이 얄미웠다. 그대를

보는 것만으로 고맙구나 하는 생각을 갖지 못하고 꽃을 꺾었을까. 분명 자기 것으로 만들려고 어쩌면 집에까지 갖고 가서 꽃병에 그 꽃을 꽂을지도 모른다.

꽃 중에서 몇 송이가 고운 빛깔을 뽐내며 피고 있었다. 며칠 전부터 내 시선을 끌었던 그래서 꺾어 가지고 가고 싶은 그런 유혹을 받을 수 있는 꽃이었다. 내 시선을 뺏은 잠시의 유혹에 그 꽃 앞으로 한 발 가까이 다가가서 관찰까지 했었다. 풀 속에 우뚝 솟은 몇 송이가 입술을 빨갛게 바르고 광고에서 본 女人을 닮은 교태까지 부리는 듯한 것이었다. 生命의 꽃들이 여기저기에서 내가 예쁘게 피어 있으니 아낌없이 내 예쁜 모습을 봐달라는 유혹의 계절이 5월의 황금빛을 발산하며 이 세상을 아름답게 경쟁이라도 하듯이 뽐내고 있었다.

그 빨간 유혹의 여명을 산책길에서 만날 수

있는 행복한 순간이 더없이 삶의 의식을 한층 북돋고 있었다. 계절은 부르지 않아도 우리를 부르고 존재감을 나타내고 있었다. 이 봄이 가지 않기를 마음속으로 얼마나 기원하고 있었던가. 꺾어진 꽃송이를 들고 걷고 있는 그 女人이 얄미웠으니 말이다. 모두를 향해 이 세상에 나온 풀꽃보다 그 고운 빛깔도 유혹도 불사르는 꽃을 꺾은 그 女人이 있었다.

우리는 좋은 것, 아름다운 것을 보면 그날 그대로 보지도 못하고 꺾으려 하지만, 그것도 이 존재감을 드러내고 사랑받고 싶었던 것이 뻔한데, 꺾여지는 生命에서의 가치에 잠시 꽃의 기능을 생각해 보았다. 씨앗이 뿌려져 싹을 틔우고, 예쁜 꽃으로 제 존재를 드러내고 있는 것은 生命을 가진 것들의 공통된 특성이다. 이 특성을 이해하는 데에 우리의 시선을 한 단계 높여야 한다.

잠이 깼을 때 시간은 새벽 2시 50분. 머리가

아프고 소변을 보고 싶었다. 화장실로 짐승처럼 기어 들어가 몸을 가누었다. 거울을 보고 내 모습을 관찰했다. 내 몰골은 늙음의 주름으로 老化를 혼자 독차지한 것처럼 이상한 생김새군.

양치를 하고 몸을 씻었다. 벽의 시계를 다시 보았다. 샤워는 10여 분 걸렸다. 어제 이어 오늘도 禪의 웃음을 잠시 생각하면서, 방석을 깔고 부처님을 향해 무릎 꿇고 나라의 안위를 생각하며 기도를 시작했다. 강대국에서 살아남은 소국이라는 column 글이 떠올랐으나, 내용은 기억나지 않았다. 나는 국난의 만신창이를 보는 것 같아서, 마음속으로 호소하는 심리를 부처님께 빌었다. 국가개조 국민의 희망에 도움 되도록 정치를 잘 이끌어갈 것을 빌었다. 국정개혁 크게 4가지, 공무원 연금개혁, 노사개혁, 부정부패개혁, 의식개혁 그리고 가족과 나의 소망을 빌었다.

오늘 목표는 1시간, 참선 시작 일주일째,

나는 좌선 끝에 두 번째 흐흐 시름없는 허튼

웃음을 웃으면서, 아, 자신의 기술을 알게 되면 하루에 몇 시간씩 할 수도 있고 변화를 일으킨다는 점에 정말 놀랐다. 부처님이 수십 번 침묵 속에서 노래를 부르듯 부처님의 거룩한 자태 속으로 나를 옮겨 놓으려는 것 같은 생각에 몰입하고 있었다.

하루 중에 이 생각의 꼬리는 전도된 생각들로 이리저리, 여기저기 흩어진 파편 조각들의 사념이 무질서하게 머릿속에서 들락날락했으나 不屈의 인내로 그냥 앉아있었다. 놀란 것은 두 번째 흐흣흐흣. 소리가 내 입에서 튀어나오자 아! 이상한 체험의 시작이 잠시 나를 덮쳤다. 妙한 기분이 生겼다. 응? 바로 이런 것이야. 바로 이런 기분의 환희심이 있었구나. 옳다구나 나를 바꿔주는 순간이 찾아온 것 같이 느껴졌다. 그래, 바로 이런 침묵 속에서 과거에 느낄 수 없었던, 침묵의 힘에서 나온 것이 나를 기쁘게 해주는 것이었다.

눈을 감았다 떴다. 어떤 때는 오래, 어떤 때는 짧게, 감았다 떴다. 일정하게 반 뜨고 반 감고 상태 유지는 힘들었다. 그리고 호흡을 자연스럽게 하고 있지만 긴장이 풀리기보다는 긴장의 상태를 의식하면서 나는 뭔가 오래 앉아 있는 데 의식을 모으고 있었다. 매 순간 수동적이고 깨어 있는 의식을 유지하면서 침묵 속으로 빠져들었다. 無心의 단계는 아직 아니었다. 이제까지 체험해 보지 못했던 이상한 감정이 느껴졌다. 소위 말하는 선의 웃음소리가 나도 모르게 튀어나왔다. 이제 분명했다.

그러자 나는 기쁜 마음이 생기면서 아! 이상함을 느끼는 지금 이 순간 부처님이 마하가섭에게 "여기, 그대에게 이 열쇠를 전하노라" 하셨던 말이 생각났다. 무엇이 열쇠인가? 침묵과 호흡이 열쇠이다. 부처님 설법 중 염차지 중의 가르침이 상기되었다. "나에게는 正法의 눈이 있다. 언어를 통해 말할 수 있는 것은 이미 그대들에게 모두 주었다. 그러나 正法의 열쇠는 이 꽃과 더불어 마하가섭에게 주노라."

　바로 이런 말을 하는 것이 이해되었다고 하면 더 이상 깨달음이 없다는 부처님의 말씀대로 최고, 최상, 신성한 깨달음, 정독각이 바로 이런 것이 아니었을까. 나는 환희심에서 다리를 쭉 뻗고 손을 쫙 펼치고 긴장을 풀고 곰걸음처럼 기어서 마루로 나왔다. 그리고 손을 들어 웃음 먹으면서 천천히 마루를 한 바퀴 돌았다. 좌선으로부터 2번째 기쁨의 맛을 체험하는 순간이었다.

어버이날

아들 내외가 왔다. 현관을 들어서자, 어머니를 안았다. 그리고 나를 안았다. 어머니, 아버지 축하합니다. 며느리는 손에 꽃과 선물을(philips 면도기) 들고 있었다. 미소를 지으면서 들어온 내외는 활짝 웃고 있었다. 미소와 웃음은 항상 他人에게 기쁨을 준다.

5월 황금계절이다. 여성의 계절이라 한다. Golden time 거리에도 가게에도 꽃들이 즐비하다. 손녀와 손자는 학교에 가는 날이어서 오지 못했다. 항상 이날만큼은 기쁨과 웃음 그리고 축제의 분위기가 은은히 흐르는 분위기다. 매일 계속될 수 있으면 얼마나 좋을까.

온 세상에 밝고 맑은 꽃의 향기가, 쌓여가는 것이 人生의 푸르름이 아니고 무엇인가! 우리는 점심을 먹고 애기를 나누고, 화기애애한 분위기 속에서 父母 자식 간의 대화를 나눴다. 시종 축복과 감사의 웃음으로 내내 집안에 환한 분위기가 쌓여갔다. 준영이는 정시 시험에 死力을 다해 승부하는 자세로 열심히 하고 있다고 했다. 누나의 서울大 목표는 좀 어려운 것 같은 인상이었다. 졸업을 앞둔 석영이 영문과 교수의 수업에서 극찬을 받은 例示를 들어 더 기분이 좋았다는 전갈에 마냥 우리들 집안에 공부의 神이 탄생되는 게 아닌가 하는 생각을 갖게 했다. 그렇게 우리는 서로의 얼굴을 바라보며 즐거워했다. 그들이 참석치 못해서 유감이었다.

잠에서 깨었는데 머리가 아팠다. 마음은 정신

을 차리겠다. 샤워도 하고 여래방에 들어가 잠시 기도를 올리고 좌선을 취하여, 30분 정도 고정된 태도로 불굴의 인내심을 만회했다. 결코 쉬운 것은 아니었다. 허리가 뻐근하고 통증도 일어났다. 하지만 참고 참고 견뎌냈다. 성취는 그냥 오지 않는다. 가장 쉽지만 가장 어려운 것 meditation, The first and last freedom은 결코 쉽게 따먹을 수 있는 열매가 아님을 스스로 다짐했다.

나의 坐禪日記

Osho Rajneesh

텅 빈 하늘이 Osho의 집이라면, 그의 存在는 침묵이다. 그의 말은 가슴 깊은 곳을 어루만진다. 그의 노래는 텅 빈 하늘에서 우러나온다. Osho는 말한다.

"그대 내면의 存在는 하늘이다. 구름이 오가고, 行星이 태어났다 죽고, 별이 떠올랐다 사라져도 내면의 하늘은 如前하다. 그 하늘에는 어떤 흔적도 남지 않는다. 우리는 이 내면의 하늘을 주시하라고 부른다. 이것이 명상의 목적 全部이다."

41

5分~10分 정도의 명상 두 번이나 세 번을 낮에 시작했다. 바로 이것이다. 소감은 되는구나. warming up이 풀렸다. 머리가 지근거리고 아팠다. 너무 아파서 어쩌나 하다 무조건 아무것도 하지 말고 그저 앉아있으라. 이것이 시작하는 禪의 출발이었으니까 됐다는 기쁨. 역시 성취에 기쁨은 저절로 따라온다. 꼭 해야 한다고 다시 단단히 다짐을, 약속을 自身과 하는 것이었다. 나와의 마지막 싸움을 하듯이 많은 고통을 不屈의 忍耐力을 가지고 참고 참는 것이었다.

석영이가 제 동생에게 영어를 가르쳐 주기 시작했다. 동생을 사랑하는 마음이 그렇게 깊은 줄 나는 짐작 못 했다. 어쩌면 마음씨(관심과 배려 그리고 우애)가 그토록 깊은지 뭉클하면서 눈물이 나왔다. 다 컸구나! 내 손녀에게 배워야 하겠구나. 뿌듯하고 한없이 기뻤다. 옆에 있었다면 업어주고 싶었다. 감동의 물결이 흐른다. 그 아이 성장이 그렇게 큰 변화를 일으켰다. 서울大 언론정보학과의 공부벌레가 우리 집안에 꽃을 피우고 있었다.

5월의 女王, 公主 같은 내 손녀는 더욱 아름다웠다. 걱정과 근심은 내년 大入試를 앞에 두고 있는 손자다. 서울大 목표는 침묵을 지켜봐야 할 상태라 하니 은근히 걱정이 앞섰다. 균열 분위기가 느껴졌다. 며느리가 제2 외국어와 입시지도를 맡고, 아빠는 전체를 총괄하는 형태와 침묵을 取하고 과거의 조언 mento 역할을 쏟는다는 암묵의 약속이 가족회의에서 이루어지고 있었다. 누나만큼 따라가기는 力不足이었나보다, 수학과 나머지 과목을 학원의 도움을 받아야 한다고 했다.

아무것도 하지 말고 앉아라.
그대는 아무것도 하지 않고 그저 앉아있다.
모든 것이 침묵에 잠긴다.
모든 것이 平和이고 至福이다.

그대는 神의 世界로, 眞理의 世界로 들어선다.

가능한 한 몸을 움직이지 말라.

몸이 움직이지 않으면 마음 또한 자동적으로 고요해진다.

몸이 움직이면 마음도 덩달아 움직인다.

몸과 마음은 따로 分離된 것이 아니기 때문이다.

그들은 하나이다. 하나의 에너지이다.

두통과 참선

　머리가 부서질 듯이 아프다. 잠에서 깨어나자 고통이 따르는 아픔이 엄습했다. 강숙(처제)이 떠올랐다. Brain, 머리가 아파서 진단 결과 뇌암으로 고통받다가 죽었다. 수술은 했지만 얼마 살지 못하고 고통 속에 괴로워하다 이승을 떠나갔다.

　갑자기 나도 그렇게 되지 않을까 무서워졌다. 만약 이 생각에 집착한다면 더 큰 질병에서 혼돈 그러다 우울증으로, 생각을 멈춰야 했다. 자리에서 일어나 샤워臺로 가서 몸을 씻고 如來房으로 들어가 참선의 자리에 앉아, 잠시 기도를 올리고 벽을 마주 본 상태에서 아무것도 하지 말고 앉으라고 라쇼는 說했다.

나는 아무것도 하지 않고 그냥 앉아있다.

모든 것이 침묵에 잠긴다.

모든 것이 平和이고 至福이다.

나는 神의 世界로, 眞理의 世界로 들어선다.

가능한 한 몸을 움직이지 않으려고 애를 썼다.

몸을 움직이지 않으면 마음 또한 자동적으로 고요해진다.

몸이 움직이면 마음도 덩달아 움직인다.

몸과 마음은 따로 분리된 것이 아니기 때문이다.

그들은 하나이다. 하나의 에너지이다. (Energy)

이런 생각을 수지하고, 불굴의 인내로 앉아있기를 계속했다.

無心의 상태로 存在해도 되는 순간이 올 때까지, 하지만 초보자인 나는 아직 거기까지 미치지 못한 채, 이를 악물고 30分 이상 그냥 앉아 있는

데는 성공했다. 이 마음과 정신을 가지고 시종여일 처음 시작할 때의 신비스럽고도 이상한 몸의 균형 잡힌 조건의 발견에 수희심을 느꼈다. 나는 아내에게 어제 새벽에 시도한 그리고 느낌을 말했다. 난생처음으로 느낀 이런 경험, Wonderful한 경이로움은 나 자신을 놀라게 했다. 그래 바로 이런 경우를 삼매경에서 얻은 색다른 體驗이라고 한 것이었다. 禪의 웃음을 즐겼다. 아, 행복한 순간에의 탐닉이 나를 사로잡았다.

석굴암의 부처님

3번째 좀 색다른 체험이 일어났다.

눈을 뜨자 시계는 2시 가까이를 알리고 있었다. 화장실로 옮겨, 얼굴을 씻고, 如來房으로 들어갔다. 잠시 기도를 올렸다. 그리고 禪의 자세를 取했다. 방석에 앉아 몸을 추스르고 마음을 가다듬었다.

부처님을 떠올렸다. 경주 석굴암 부처님의 조각상을 상기했다. 조각의 예술품은 신과 인간 김대성이라는 장인이 仏心을 다 해서 만든 作品이었다. 그 옛날 중학교 시절 경주 수학여행을 갔을 때 들러본 경험이 있다.

나는 그 부처님의 돌상을 禪을 하면서 많이

생각한다. 부처님의 세계를 상상하며 골똘히 심취해 본다. 저절로 거룩한 仏像에 나는 그 속으로 빠져드는 것이다. 살아있는 예술품과 함께 부처님으로 환치되어 나는 눈을 지그시 감은 상태에서 침묵 속으로 들어선다. 내가 仏과 하나 되도록 一心으로 仏의 세계로 들어선다. 생각하면서도 잡념도 동시에 일어난다. 내가 仏과 하나 되는 상태로 바뀌는 데 수반되어 일어나는 다양한 생각들이 꼬리에서 꼬리를 잇고 있음은 말하지 않을 수 없다. 三味境에 仏과 하나 되는 순간이 된다면 하고 바라지만, 벌써 여러 날이 지났지만 거기서 거기에 머물고 있는 상태다.

머리도 아프고 진정되지 않았다. 얼마나 시간이 흘렀을까. 3일 정도는 흘러가지 않았을까. 의식적으로 벽을 향해서 그냥 생각을 거듭거듭 하는 중이었다. 반야심경의 한 부분에서 생각이 좁혀 왔다. 色即是空 空即是色을 생각했다. 그리고 지금 혼란스럽고 두통이 오는 것을 그냥 그대로 느끼는 상태를 지속하고 있었다.

전도몽상의 꼬리를 잇는 잡념은 계속되었다. 空念仏이다. 空의 世界로 내 의식이 잠겨 버리면 분명 나는 없을 것이다. 無라는 글자가 벽에 박혔다. 無想, 無念, 좌우간 무가 돼버리면 지금 이 순간 그 마음의 고통, 두통은 없어질 것이다. 無無無… 자꾸 떠올렸다. '나'가 없다면, '나'가 소멸된다면 고통을 느끼는 일은 除去될 것이다.

순간순간 나를 압박하고 엄습하고 있는 두통은 계속되었다. 그렇지 나의 존재는 하나의 점, 하나의 선이다. 그 점과 선은, 내가 지금 쓰고 있는 점에 불과하다는 생각에서 멈칫했다. 하면, 헤아릴 수조차 없는 宇宙의 안에 점은 없는가? 이것을 부처님은 깨달았을 것이다.

森羅萬象 한 점 속에 올라타려면 '나'는 과연 있는(存在하는) 것인가? 묻는다면 물으나 마나 없다라는 담은 明確하다.

내가 생각이 여기에 이르자, 그때 그 순간부터 두통이 사라지는 것이었다. 그러자 나는 입에서 흐흣흐흣 너무나 웃음같이 여겨지는 소리를 내며 모든 것으로부터 완전히 해방되는 것 같았다. 서서히 압박했던 두통이 소멸하는 데서 '我' 지우기가 이루어진 셈이다. 입에서 허허 웃음이 나올듯 말듯 뒤뚱거리는 모습이 연상되면서 수희심에 妙한 마음으로 가득한 순간이였음을 알아차렸다. 아아, 이런 상태를 두고 환희, 기쁨이 몸과 마음을 감싼다고 하나 보다.

겹겹이 쌓여 있던 마음의 여러 층이 조금씩 벗겨져 나가는 것 같은 느낌이 다가왔다. 아, 이거야 나는 발을 쭉 뻗고 기분 좋은 순간에 나는 없고 흐흐흐흐흐흣 입에서 밖으로 터져 나오는 소리라도 지르고 싶은 충동마저 느끼는 순간이었다. 성취의 기쁨, 해냈음의 짜릿함, 그야말로 내 마음속 깊고 깊은 곳에 또아리를 틀고 있던 욕망의 악마 같은 것이 벗겨나간 것일까.

천천히 몸을 일으켜 곰 같은 몸짓으로 엉금엉금 기어 마루로 나와 몸을 일으켜 세우고 두 팔을 높이 쳐들고 입가에 웃음을 담은 소리를 내면서 덩실덩실 춤을 추었다. 순간 천상병의 '귀천'이 떠올랐다. 시인은 '귀천'을 그런 의식 속에서 탄생시켜 보았을까. 시인, 지성인들이 찾는 의식 세계에서 저마다 느끼는 독특한 명언들이 툭 튀어나오는 것이 아닐까.

그래 空念仏을 생각했다. 비우기, 채우기가 overlap 되어 다시 반야의 空卽是色 色卽是空 다르지 않겠구나. 나아가 受想行識도 無라고 집약시킨 부처님의 탁견에 무릎을 치지 않을 수가 없었다. 定義한 책의 제명은 仏敎의 가르침에서 이미 2500~3000년 전에 설하신 부처님의 위대한 사상이 싹튼 것임을 이해하게 되자 仏敎의 심오함에 경탄을 금할 수 없었다.

이에 좌선의 회수를 擴大시켜갈 것을 다짐하게
되었다.

　더 이상 물러설 수 없다. 정진만이 내가 마지
막 남은 여생의 한 순간순간을 옹골차게 보낼 수
있는 도구다. 　풍요의 극치, 無上의 극치, 無上
의 깨달음을 포기할 수 없도록 仏法공부를 보다
성실하게 그리고 아름다운 人生을 마감할 때까
지 이 걸음을 멈추지 않기로 다짐했다. 80년의
세월 눈을 감았지만 내면은 혼란의 물결이 멈추
지 않았음을 솔직 告白하지 않을 수 없다. 俗人
의 표정은 누가 뭐라 해도 돈, 권력, 사랑의 집
착을 떨쳐버릴 수 없고, 거기에서 자유로울 수
없는 데서 꼼지락거리며 살아가는 인간의 群像
이 仏眼에서 보면 측은함을 부처는 알고 있었던
것이다. 衆生의 어리석음을 釋尊은 본 것이다.
　現象의 실체를 無라는 욕망 아닌 眞理로 받아
들이기까지는 仏敎의 가르침을 제대로 공부하지

않고서는 이해할 수가 없을 것이다. 現實을 떠날 수 없겠기에 있다고 하는데 목이 매여 굶주린 전우처럼 악에 받쳐 사람이 사람을 죽이는 살인도 서슴지 않는 것이다.

보라, 70억 人口가 하나의 점에 있다는데 同意할 사람이 몇이니 있을까 싶다. 하나의 점에서 70억 人口가 숨을 쉬고 있다고 하면 잠꼬대 같은 소리를 한다. 핀잔을 맞거나 미치지 않고서야 그게 말이나 될 소리인가, 물어뜯을 듯이 분노하고 성난 얼굴로 달려들 것도 사양치 않는 것이다. 저 친구 허상을 보고 있고, 신경과 의사에 가서 Healing이 필요하다고 강조할 것이다.

아니다. 운석이 떨어진 저 우주의 Black Mole은, 無生物質은 生命이 없는 것일까. 아니다. 그것도 生命을 가진, 다시 말해 의식이 잠들고 있을 뿐, 生命의 本質을 갖고 있음을 깨닫지 않고서는 무슨 헛소리를 하고 있다고 한 것이다. 밤

하늘에 반짝거리는 별의 존재, 그것이 삼라만상
임을, 그러기에 시인은 하나의 모래알에서 우주
를 보라 노래한, 성시가 아니고 뭐란 말인가. 空
念仏의 妙한 뜻을 다시 공부할 것이다.

좌선의 Drama

자다가 일어나서 좌선을 取하고 고정된 시간 30분을 유지했다. 그리고 잠을 잤다. 깨어나니 새벽 2시 30분 정도였다. 나는 如來房에 들어가, 부처님께 기도를 올렸다. 두 무릎을 꿇고 꽤 오 랫동안 기도를 올렸다. 그리고 방석에 정식으로 앉아 편안한 자세로 좌선에 들어갔다. 마음을 가 다듬고 아무것도 하지 않고 그냥 앉아 있었다.

모든 것이 침묵에 잠긴다.
모든 것이 平和이고 至福이다.
나는 神의 世界로, 眞理의 世界로 들어선다.
가능한 한 몸을 움직이지 않도록 한다.

몸이 움직이지 않으면 마음 또한 자동적으로 고요해진다.

몸이 움직이면 마음은 덩달아 움직인다.

몸고 마음은 따로 分離된 것이 아니기 때문이다.

그들은 하나이다. 하나의 Energy이다.

부처님을 생각하고 "벼락같은 큰 깨달음을 일으켰다."는 금강경의 說法 구절이 떠올랐다. 전도몽상의 이 생각 저 생각이 꼬리에서 꼬리로 이어졌다. 머물면 비로소 보이는 것들. 부처님 불법, 설법 이야기에 대하여 부분적으로 기억된 언어의 유희가 함께하기도 했다. 하늘을 향해서 나는 우주와 하나다라고 외치며 나무아미타불을 암기하듯 참선 도중에 숨을 몰아쉬기도 했다. 들숨날숨이 의식되고 흐트러지기도 했다. 몸이 움직이기도 했다. 기침도 했다. 그리고 30분이 넘도록 좌선으로 이어졌다. 그만해야지 의식하고 뒤로 물러나 다리를 쭉 뻗고 팔을 펼치고 드러누웠다. 한없이 편안했다. 긴장이 확 풀렸다. 긴장은 좌선 내내 이어졌다. 마음은 一心 상태에 있을 수가 없었다. 불굴의 참음의 시간을 유지했다. 다 끝나 갈 무렵에 하품이 나왔다. 그래도 몸은 가볍고 생각도 많았다. 두통이 사라졌다. 몸을 일으켜 세우고 곰처럼 4발이 되어 마루로 나갔다.

긴장은 풀렸다. 기분은 최상 같았다. 무언가 성취했다는 느낌이 역력했다. 벽시계를 쳐다보았다. 3시 30分이 지나고 있었다. 긴장감에서의 해방 그리고 refresh shining 좌선의 의미, 그 수년은 점점 심한 다계로 바빠지고 있었다. 수희심이 생기는 것에 더욱 분발하여 새로운 변화와 생각, 느낌, 변화점, 즐거움 다 以前에 느끼지 못한 것이었다. 새로운 體驗으로 나를 새롭게 의식하는 과정 속에서 희열이 쌓이는 색다른 내가 되어가고 있었다. 확실히 知見의 새 영역을 어렴풋이 일깨워주고 있었다.

나는 지탱해 주는 뭔가를 더욱 발전시켜야 했다. 좌선의 세계에서 느껴지는 dramatic한 Drama를 펼치는 전망이 나타났다. 해야지. 중단하지 않고. 막연하고 추상적인 것들을 뒤로 하고 구체적이고 실질적인 변화된 경험의 과정이 쌓여가는 step을 밟고 있음을 알아차리게 되었다.

바로 이거다! 예전엔 왜 몰랐을까, 나를 치유하는 妙法을 비로소 찾아냈다고 말할 수 있을 것 같다. 한 단계 앞으로 내딛게 된 기쁨이 계속되는 世界로 이제 이 여행, 치유의 여행에서 멈출 수가 없겠다는 作心을 가다가 中斷하지 말아야겠다. 완벽한 仏의 지혜로 새 生命을 소생시키는 초기를 넘어가고 있었다.

스승의 날

30분 동안 아무것도 하지 말고 앉아라.

나는 坐禪의 자세로 그대로 앉았다.

모든 것이 침묵에 잠긴다.

모든 것이 平和이고 至福이다.

그대는 神의 世界로, 眞理의 世界로 들어선다.

가능한 한 몸을 움직이지 않으려고 똑바로 자세를 유지하려고 노력했다.

몸이 움직이지 않으면 마음 또한 自動的으로 고요해진다.

몸이 움직이면 마음도 덩달아 움직인다.

몸과 마음은 따로 分離된 것이 아니기 때문이다.

그들은 하나이다. 하나의 Energy이다.

눈은 반을 뜨고 있는 것이 어려웠다. 감고 있는 것이 더 쉬웠다.

시작부터 조용한 상태를 유지하기 참 힘이 들었다. 불굴의 인내심을 가지고 자세를 取했다. 좀처럼 호흡의 긴장이 가라앉지 않아 날숨들숨을 자연 그대로 맡겼다. 하지만 중간중간에 침이 고이고, 똑같은 맥동을 유지하기 어려웠다. 가끔 참았던 큰 숨을 쉬기로 했다. 부처님을 떠올리면서, 경주 토함산 석굴암에 계시는 그분의 좌선 자세로 마냥 앉아 있는 것만으로 숨 가빴다.

내가 다음 날에 다른 기쁨을 얻었다. 그리고 좌선의 기술과 요령을 조금은 알 것 같았다. 이 세상에서 30분은 할 일 없이 그저 벽을 향해 앉아있는 것이 어려움을 새삼 발견했다. 좌선방법의 가르침에 그대로 적응하기란 쉽지 않았다. 그 과정에서 괴로운 것은 생각의 고리를 끊을 수 없다는 것, 계속적으로 이어지는 전도된 마음의 생각이 가끔 더 강하게 압박하는 것이었다. 하지만 참고 참고 견디는 것이 또한 수행 중 하나인데 어찌할 수가 없지 않는가. 이를 악물고 그냥 버티기란 고통의 연속이다. 앉아있는 동안 허리로 압박을 느끼는데 마음이 혼란스러웠다. 결국 나는 나와 인내력을 두고 싸워야 했다. 無念無想, 無心, 無我 境地까지.

도달할 때까지 견디어 낸다는 것이 더욱 고통스러웠다.

한때 위 위빠사나 禪院에 아내와 함께 시간을 내어 참여해 본 경험도 있었지만, 1개월 이상 다니다가 중단하고 말았다. 선정에 이르기란 결코 쉬운 것이 아니었다. 조건이 우리들을 허락하지 않았다. 오래 참고 앉아 있노라면 몸이 비비 꼬이고 뒤틀리고 허리가 뻐근하고 다리가 저린다. 주리를 튼다고 하는 표현이 제격이라 하겠다. 그

나의 坐禪日記

와 같은 체험도 한 경력이 있었지만, 실로 선원 생활에서 찾으려고 애썼지만 失敗하고 말았다.

지금 내게 또 하나의 기쁨의 성취를 얻은 것이 있다. 낮잠에서 일어나, 좌선의 모습을 取했다. 허리가 아프고, 오금도 저리고 게다가 머리는 이 생각 저 생각 정리도 할 수 없는 것들이 지나가고, 마음은 자꾸만 왜 시간낭비를 하느냐고 야단을 치기라도 하는 것 같이 뒤죽박죽을 모면할 수가 없었다.

그래서 부처님 부처님, 나무아미타불 나무아미타불 나무아미타불 나무아미타불 자꾸만 작은 소리를 내며 생각을 끊으려고 애를 썼다. 하지만 좀처럼 생각 멈춤은 되지 않았다. 그래도 어떤 어려운 경우에도 30분은 그냥 앉아서 마주하는 무료함에서 해방감을 느끼는 순간을 기대하며 선승들의 생각과 방법 그리고 경험담으로 사이사이 잡념을 몰아내기 작전으로 생각 끊기에

all in 해 보려고 애썼다.

그렇게 하는 과정 속에서 한 가닥 뜻밖에 수희심 다시 말해 기쁨이 덩달아 고통을 덜어내고 틈새 공략으로 끼어드는 느낌을 받았다. 妙하게도 시간이 꽤 지나갔을 때 찾아온 성취의 기쁨 한 가닥이 내 앞의 가슴에 문을 두드려 주는 것 같았다. 부처님 부처님을 想起하면서 부처님의 출가, 구도 해탈의 역사적 발자취를 덩달아 생각했는데 그런 Story도 명상하는 데 장애물, 잡생각 끊기가 쉽지 않구나. 그러던 찰나였다. 벌써 여러 날 30분의 좌선은 기대 수준을 넘어섰다. 할 수 있다는 생각에 내가 멈추었을 때, 희한한 희열과 자신감이 동시에 나를 에워싸는 것이었다. 그랬다. 하면 된다는 성취동기가 한꺼번에 나에게 밀려든 것이 아닌가.

이제 여기서 오늘은 멈췄다. 그리고 그대로 뒤로 몸을 제쳐, 다리를 쭉 뻗고 허리를 풀려고 두 손과 팔을 열십자로 펴고 드러누운 십자가 모습을 取했다. 웃음도 나왔다. 선에서만이 웃고 웃고 또 웃는다는 전통이 지금도 이어진다는 것이 빈말이 아니었다. 불과 내게 깨달음 같은 것이 나를 꽉 붙들었을 때, 나는 흐훗흐훗 웃음이 났다. 잠시 긴장은 있는 그대로 다 풀고, 곰처럼 기어서 마루로 나오는데 몸이 가볍고 두통도 가시고, 새로운 느낌, 오후가 되면 머리가 더 무거운 날이 많아 은근히 근심도 해 왔었다.

해탈의 기본은 나는 좋구나. 妙한 감정이 내 몸 전신에 퍼져갔다. 음, 바로 이거야! 이런 체험의 실마리는 내가 산책 가는 시간을 즐겁게 해 주었다. 내심 입에서 흥얼거리는 소리를 내면서 산책 목적지 한강 낚시터까지 마냥 콧노래가 이어졌다. 즐거움, 기쁨, 변화, 생동감은 내가 갖고 있는 모든 질병을 치유해 준다는 것을 새삼스럽게 강렬하게 느꼈다. 두통, 어지러움, 변비, 전립선, 위장, 허리 아픔, 발바닥 고통, 한의원에서 맞은 침과 부항 뜬 곳의 상처 등 솔직히 요즘 죽음도 불사하고 있던 우울감과 병고는 내 생활의 기쁨을 잠식하고, 죽음으로 몰아가고 있었다. 요즘 condition은 그러한 고통의 심각성을 스스로 이겨내지 못할 나의 限界로 더 이상 버틸 수 없는 탄식과 후회가 날로 더해가는 '인간독크', 시달림이 쌓여가고 있었는데, 하늘에서 축복의 message가 내게 복음을 전해주는 것이 아닌가. 더 이상 주저앉지 않겠다는 오기가 발동하기 시작했던 것일까.

내 몸은 만신창이이자 남에게 말하기조차 부끄러운 多病의 거주지다. 마지막 저주, 버림받은 나는 더 이상 구제받을 수 없는 경지에 이르고 있었다. 속으로 끙끙 앓고 있었다. 나는 나를 실현하는, 내 의지의 약함, 끈기 不足 그리고 선천적으로 약골로 타고난 DNA, 그것의 한계를 극복하고 죽음과 맞닥뜨리고 있는 중이였다. 솔직히 아내에게는 말할 것도 없었다.

오늘 오후 산책길은 최고 최상이다. 이런 커다란 기쁨의 발견은 5월의 푸르름 속에서 나의 生命의 부활을 부른다. 감각, 각성, 자신감, 죽을 때까지 이 걸음 멈춰서는 안 되겠다는 다짐과 소원이 나를 승자로 만들려는 소중한 것이었다.

나는 낚시터에 자리를 깔고 향기를 맡으면서 '아무것도 하지 말고 앉아라' 명상을 생각하면서 가섭이 부처님께 받은 명상의 장을 시원한 바람을 맞으면서 소리내어 낭독했다. 삶의 향기란 바로 이런 것이다.

자연이 주는 生命의 합창이 힘차게 흐르고 있었다. 지금 이 순간 행복이란 바로 이런 것이 아닐까. 욕망과 탐욕의 얼굴을 가지고 세상을 사는 俗世의 자화상은 ego로부터 탈출 그야말로 우리 모두에게 환골탈태의 한 걸음은 바로 自己革命에서 自他와 Re-design 하는 것뿐. 고동치는 삶의 찬란한 빛을 찾아야 하는 것이 인간의 제 얼굴을 바르게 찾는 일이 될 것 같다.

요약하면, 오늘 나의 명상수업은 보람 있고 뜻있는 현장감이 넘쳐났다. 성취동기의 동력을 안고 계속 전진해 가야 하겠다. 나를 기쁘게 하는 것들인 오월. 오월은 풍요 속에 풍요를 구가하는 Symphony가 나를 둘러싸고 노래, 시, 예술 속의 감정에서 生命의 리듬이 곧 宇宙와 내가 하나 됨을 발견하게 될 때 不生不滅의 Energy가 우리 내면에 있음을 자각시켜 준다. 감사, 기도, 배려, 관심 이런 더 좋은, 더 나은 세상 만들기에 기여하는 나를 찾아가는 것. 그것이 우리가 해야 할 일들이다.

오후의 산책에 가슴 시리도록 아름다움에 스며들어 나는 행복을 녹음 속에서, 생태학습장에서, 걸으면서 눈에 띄는 황혼과 매력을 발산하는 꽃, 양귀비의 붉은 입술보다 귀엽고 매력을 발산하고 패랭이꽃이 내 곁에서 속삭이는 소리를 듣고 있으니 얼마나 좋은가. 금은보석보다 큰 것에 가려진, 숨겨진 이름 없는 풀꽃 大小를 초월하는

宇宙의 리듬은 더 큰 축복의 메아리가 아니고 무엇일까. 내가 오후의 산책을 즐기는 이유라 하겠다.

一回는 눈을 감은 상태로 가능한 한 몸을 움직이지 않으려고 애썼다. 방법은 엄지손가락을 마주하고 몸은 반듯하게 펴고, 앞의 벽을 응시하는 것이었다. 과정에서 긴장을 일부러 풀려고는 하지 않았다. 참고 견디는 일종의 훈련을 요구받는 것 같았다. 하지만 훈련이라기보다 수행의 한 방법이라 하겠다.

긴장을 의식적으로 풀려고 하면 호흡이 일정하지 않았다. 숨을 들이쉬고 내쉬는 것이 인위적이어서 자연스럽지 않았다. 그러나 다 하고 나서 다리를 쭉 뻗고 팔을 열십자로 펼치고 몸을 활짝 열십자 型으로 하여 눕게 되면 긴장에서 벗어나는 상쾌하고 맑은 기분이 솟아올랐다. 입에서 아, 기분 좋구나 하는 말이 튀어나올 찰나다. 그 순간만은 환희심에 날아갈 것 같은 몸은 기분에

휩싸였다.

   30분 이상을 했다. 시간은 점점 더 연장하는데 부담스러움으로 느껴지지 않는 것이 하나의 작은 변화를 시작한 것이다. 마루로 나와 經行을 하고 샤워를 하고 몸을 추스르고 다시 如來방에 들어가 2번째 좌선을 시작했다. 이번에는 벽을 향해 눈을 뜬 상태로 시도했다. 벽을 응시했다. 밝다는 것이 좋긴 했다. 하지만 중간에 잠깐 졸음도 있었다. 긴장을 하고 벽 응시로 의식을 강화시켰다. 다소 내가 서서히 침묵 世界로 빠져들면서 아무것도 하지 않고 그냥 견디는 것이 처음 시작 때처럼 엄청난 고통은 아니었음을 알게 되었다. 좌선을 계속할 수 있는 자신감이 붙기 시작했다. 부담스러움이 사라졌다. 妙한 기분이다. 좌선의 기술을 터득해 가는 과정이라고 생각되었다. 확실히 겹겹이 쌓여 있는 마음의 여러 층이 서서히 벗겨져 나가는 것을 느껴가는 기분이다. 멈

나의 坐禪日記

추어 보려는 순간 無心의 상태로 *存在*하는 찰나
도 의식되었다.

　한계란 새로운 경험의 싹이 아닐까. 수행은
계속될 것이다.

2015.5.16.(土)

당신은 나의 스승

　오늘 아침은 두통이 심하지 않았다. 하지만 좌선 내내 머리는 맑지 않았다. 어제 주민센터에서 받는 치매 예방 검사에서 "아주 양호한 편이라고" 했다. 찝찝한 것은 암기 test에서 minus 문제와 단어 외우기에 각각 하나씩 틀렸다. 기억 문제는 모자, 자동차, 소나무였고, 100에서 23을 minus 하면 아직 치매 증상은 없다는 판정이였다. 물수건 하나를 선물로 받았다. 혈압 정상, 키 164cm, 무게 46kg, 또 한 가지는 뭣이었는지 잊어버렸다.

아무것도 하지 않고 그저 앉아있다.

모든 것이 침묵에 잠긴다.

모든 것이 平和이고 至福이다.

나는 神의 世界로, 眞理의 世界로 들어선다.

가능한 한 몸을 움직이지 않으려고 노력했다.

몸이 움직이지 않으면 마음 또한 자동적으로 고요해진다.

몸이 움직이면 마음도 덩달아 움직인다.

몸과 마음은 따로 分離된 것이 아니기 때문이다.

그들은 하나이다. 하나의 에너지이다.

오늘 새벽 좌선은 30분을 넘었다. 無念無想의 無心의 단계는 아직 멀었다. 앉아있기는 버티게 되었지만, 어쨌건 좀 더 나는 한 발짝 성취했다는 것은 滿足스러웠다. 어렴풋이 안정된 기분을 느낄 수 있지 않을까. 마음이 싫증을 느끼기 시작한다는 유혹을 포기하고 최후를 맞는 것이다. 답도 없고, 환상도 없고, 꿈도 없고, 思念도 없다. 눈을 반쯤 뜨고 벽을 부드럽게 응시하기가 익숙해지지 않고 있다. 매 순간 수용적이고 깨어 있는 의식을 유지하라고 하는데 좀처럼 쉽지 않았다.

Buddha가 손짓으로 마하가섭을 불러 꽃을 건네주고 대중에게 이렇게 말했다. "나에게는 正法의 눈이 있다. 言語를 通해 말할 수 있는 것은 이미 그대들에게 모두 주었다. 그러나 正法의 열쇠(key)는 이 꽃과 더불어 마하가섭에게 주노라."

이 逸話는 가장 중요한 사건 중 하나이다. 이 逸話에서 禪의 전통이 始作되었다. Buddha가 禪의 根源이라면 마하가섭은 첫 번째 스승이었다. 地上에서 存在하는 가장 아름답고 生動感있는 傳統 中 하나인 禪이 이 stay에서 由來했다.

"言語로 말해줄수 있는 것은 그대들에게 모두 말했다. 그러나 言語로 말할 수 없는 것, 그것을 나는 마하가섭에게 傳한다. 이 열쇠는 言語로 傳할 수 없는 것이다. 이제 나는 이 key를 마하가섭에게 주노라." 이것이 禪의 起源이다. 그 이후

보리달마에 이르기까지 6명의 祖師가 印度에서
나왔다. 달마는 여섯 번째로 열쇠를 넘겨받은 사
람이었다.

湖水!
얼굴 하나야
손바닥 둘로
푹 가리지만,

보고 싶은 마음
호수만 하니
눈 감을 수밖에,

아, 아 그리운
당신
당신은 나의 스승

얼굴 하나야

손바닥 둘로
푹 가리지만,

보고 싶은 마음
호수만 하니
눈 감을 수밖에!
아아, 그리운
당신
당신은 나의 스승

고마워
죽도록
오늘 내가 이렇게
성장하기까지는
당신의 헌신과 사랑
때문이었음을
고백하지 않을 수 없다.

아아!
그리운 너의 *存在*
당신은 위대한 스승

언제라도
부르면
가까운 거리에서
뛰어와
보듬을 수 있는 행복

하늘 아래
Beyond *友情*
*時空*은 말이 없다.

가까이 있어도
그리운 엄마 품처럼
달려가고픈
우리는 80 먹은
두 번째 아기

네 아픔
내 아픔인 것을
가는 세월 어찌 원망할꼬

만남의 인연
그보다 더 높은 것
Byond universe
없구나

일본인의 「저승」觀

나는 지난 3월 20일에 만 90세를 맞이했다. 어릴 때는 몸이 약해 「이 아이는 아무래도 어른 되기는 틀렸다」고 했던 내가 건강하게 90세를 맞이했다는 것은 정말로 불가사의하다. 하지만 90이라고 하면 죽음이 다가온 것만은 의심할 여지가 없다. 그렇다면 哲學者로서 나는 나 자신을 위해서도 日本人이 죽음을 어떻게 생각하고 있는가를 明確하게 해둘 必要가 있을 것 같다.

日本人은 繩文時代(신석기)부터 바로 최근까지, 人間이 죽으면 그 魂은 몸에서 벗어나, 한발 앞 서간 父母나 祖父母가 살고 있는 저세상에 간다고 믿어 왔다. 저세상은 西쪽 하늘 한 곳에 있어, 저세상 사람들은 이 세상과 거의 똑같은 生活을 하고 있다. 다만 다른(異) 것은, 이 세상과 저세상은 萬事가 反對에 지나지 않는다. 이 세상의 여름은 저세상의 겨울이 되는 경우이다.

이 세상과 저세상은 network(통신망)로 이어져 있고, 이 세상 子孫의 女性이 아이를 맡고 있는 저세상에 알림이 와서, 저세상에서 가족회의가 열려, 祖上 中 누군가가 이 세상으로 돌아가는 것이 決定된다. 거기서 선발된 祖上의 영이 이 세상 엄마가 회임할 때 그의 胎兒(태아)로 돌아가 아기가 태어나게 되는 거라고, 「할아버지와 꼭 빼닮았다, 할아버지가 다시 태어났음이 틀림없다」 등등 말한다. 그런데, 이 세상에서 사람을 죽이거나 도둑질하는 人間은 저세상에서 받아들이지 않은 채 이 세상에 되돌아가나, 이 세상에서도 그와 같은 人間은 받아주지 않으므로 怨靈

(원령)이 된다.

아이누 사람들이 갖는 「저세상」觀에는 신석기 (新石器)시대의 「저세상」觀이 如實히 나타나 있다. 例를 들면, 신석기시대의 土偶(흙으로 빚은 人形)는 全部 妊婦(임부)를 상징하고 있는 것이며, 그 배부(腹部)에는 縱一文字(縱 세로 종)의 상처가 있다.

아이누 社會에서는, 妊婦가 죽으면, 胎兒(태아)는 배 한복판에 갇혀 있어 저세상에 갈 수 없다고 생각했기 때문에, 妊婦가 한번 매장된 뒤에 老女가 그 묘를 파 뒤집어 놓고, 妊婦의 배를 갈라 드러낸 胎兒를 엄마에게 안겨준 후 다시 묻었다고 한다.

죽은 妊婦와 胎兒와 함께 매장된 土偶는 반드시 파괴돼 있지만, 이 세상에서 不完全한 것은 저세상에서 完全하고, 이 세상에서 完全한 것은 저세상에서 不完全하다고 하는 思想에 依한 것일거다. 遮光器土偶라고 하는 단단하게 감고 있는 눈과 巨大한 눈을 가진 土偶가 있지만, 눈이 있는 死體는 再生可能하다는 信仰에 따라 만들어진 것일 거다.

日本에서는 天武天皇에 依하여 飛鳥淨御原宮가 만들어지기까지 恒久的인 宮殿은 存在하지 않았다. 그것은 죽은 先帝의 宮殿을 태워, 그 死後의 住居로서 모시려고 하기 위한 것일 게다. 이와 같은 「저세상」觀을 최근까지 日本人은 믿고 있었다고 생각된다.

지금도, 葬儀(장의)에 있어서 死者는 옷을 左前으로 입히고, 死者에게 제공하는 것은 반드시 없애버린다. 나는 어릴 적에 動作에 안정감 없이, 흔히 옷을 左前으로 입거나, 물에 뜨거운 茶를 넉넉하게 채우거나 하면, 어머니로부터 「애야, 또 죽은 사람 흉내를 내고 있다」고 야단맞았다.

이와 같이 「저세상」觀은 人類의 原初的인 「저세상」觀이며, 普遍的(보편적)인 것이었다고 생각

82   나의 坐禪日記

된다. 人類는 農耕文化, 都市(도시)文化의 發展에 依해서, 그와 같은 「저세상」觀을 상실하고 말았으나, 日本에는 아주 原初的인 「저세상」觀이 남아 있는 것이리라.

六世紀에는 日本에 佛敎가 傳來돼, 蘇我氏(소가씨)의 時代에 傳統的神道와 佛敎의 宗敎戰爭이 일어났으나, 마침내 東大寺建立에 공헌한 行事의 基本에 따라 始作한 神仏공부가 空海의 眞言密敎(밀교)에 依해서 完成되었다. 그리고 이와 같은 佛敎國이 된 日本에서 더욱 번영하게 된 것이, 法然과 親란에 依해서 完成된 淨土敎였을 것이다.

여기서 重要視해야 할 것은, 인도나 中國에서는 淨土敎는 佛敎의 主流가 되지 못한 채, 日本에서 처음 佛敎의 主流가 된 것이다. 淨土敎는 念佛을 외우면 阿彌陀佛의 덕택으로 死後(사후)는 극락정토에 갈 수 있다고 하는 思想으로 생각하고 있으나, 그것은 法然이나 친란의 淨土敎의 一面에 지나지 않는다. 그들은 「二種回向」을 설하고 있다.(이종회향) 그것은 念佛을 외우면 阿彌陀佛의 덕택으로 반드시 극락정토에 갈 수 있는 (이것을 「住相回向」이라고 한다)고 하나, 佛敎는 利他의 가르침이기 때문에, 念佛者는 永遠히 극락정토에 머물 수 없는 채, 阿彌陀佛의 덕택으로 극락의 문을 나와, 고통받는 사람을 救濟하기 위하여 이 세상으로 되돌아가지 않으면 안 되는 (이것을 「還相回向」이라고 한다)思想이다. 法然은 生前, 自身은 한번은, 인도에서 태어나, 「大無量寺經」을 說한 釋迦의 說法을 청중에게 들려준 한 사람이 되고, 두 번째는 善導으로서 中國에 태어나, 세번째 法然이 되었다고 말했다. 친란은 自己를, 아내를 거느린 佛敎人인 聖德太子의 환생이 아닌가 나는 想像한다.

日本人에게는 이와 같은 「저세상」觀이 있으므

로 해서, 淨土教가 널리 받아들여지고 있을 것이다. 그리고 이와 같은 다시 태어난다는 說에 依해서, 「저세상」觀은 科學性을 갖는 것이 아닐까. 아주 먼 옛날부터 되풀이되었다. DNA의 生死는, 魂의 재탄생 思想을 상징하고 있는 것이다.

人間은 그와 같은 無限의 과거로부터 이어 받아온 유전자(DNA)를 갖고 있다. 그 의미로서 나의 속에 과거의 永遠이 存在하고 있는 것이다. 그리하여 그 DNA의 未來에 있어서 發展은 헤아릴 수가 없다. 나는 自己 속에 과거의 영원과 未來의 영원이라는 두 개의 永遠을 머물게 하고 있는 것이다. 이 傳統的인 日本人의 「저세상」觀, 및 淨土教에 있어서 淨土觀은 확실히 科學的이며, 그와 같은 永遠에 回歸(회귀)하는 DNA의 Relay 走者로서 人間은 自己人生을 열심히 살아, 그리고 다음 走者에게 배턴을 넘겨주어야 하는 것이라고 나는 생각한다.

90살이 된 지금, 나는 法然이나 親란의 淨土

觀을 믿어, 죽음을 맞이할 준비가 한마디로 되었
다고 생각하고 있다.

2015.5.18.(月)

광주 民主化 기념일

두 번째 일어났다. 두통은 별다른 느낌이 없었다. 2시 10分이었다. 몸을 씻고 마음을 추스르고 조심조심 끝내고 如來房으로 들어갔다. 기도를 올렸다. 내우외환을 앓고 있는 나라의 상황에 부처님의 慧眼과 지혜를 주십사고 애원했다. 그리고 미국 아이들과 여기 큰 아이들이 오늘도 부처님의 자비와 사랑 속에서 행복의 과일나무를 심도록 기원을 했다.

그리고 좌선에 들어갔다. 벽을 향해 눈을 감는 것이 반쯤 뜨고 있는 것보다 침묵에 젖어 있는 것이 자연스러웠다. 반쯤 감기가 결코 쉽지 않았다. 눈이 깜박거려 더 혼란스러움도 작동하는 것 같았다. 아무래도 배, 등, 호흡의 긴장, 전체적인 몸의 균형을 유지하고 앉아있는 것은 고역이라는 표현이 솔직하지 않을까. 세상에서 제일 어렵고 힘든 것이 좌선 취하는 것임을 느끼지 않을 수 없다. 몸을 움직이지 않고 그냥 30~1시간 아무것도 하지 않고 앉아있는 것이 괴로울 정도로 느낌은 강렬했다. 이런저런 思念이 꼬리를 잇는 것도 그렇고.

인내력의 시험을 받고 있는 것이다. 그렇게 참고 허리와 등을 꼿꼿이 하고 앉아있는 것은, 修行이라고 생각하며 앉아있는 것이 명상은 무엇을 얻자고 하는 것이라고 인도 성인 라쇼의 가르침은 무거운 자기고문이 아닌가 착잡했다.

하지만, 고통 없이 모든 것은 성장할 수가 없다. 人生의 완성 과정은 일정한 苦海를 넘어서 새로운 빛을 받는 것이기에, 자기 자신이 선택한 선

법의 가르침을 따를 수밖에. 포기하느냐, 여기서 멈추냐, 아니면 불굴의 인내력으로 나를 이겨보며 마지막 죽음과 병마와 싸워야 하는 치열한 십자가의 멍에를 받아들여야 하는가의 기로에서 나는 실험 人間의 무대 한구석에 앉아있다. 그래도 人生의 승자에 서느냐 自我 상실의 좌절로 후퇴할 것인가. 自己와의 싸움에서 결단의 시간만이 이어지고 있는 것이다.

부처님의 제자로 자칭한다면 초보의 문도 겪지 않고, 결과를 기다림의 어리석음을 확실히 깨달아야 했다. 부처님과 함께하는 시간이 그리워지는 역행은 나의 졸속한 판단에 주저앉기를 거부해야 했다.

시간은 자꾸 흐르고 있다. 큰 숨 작은 숨을. 호흡조절 불균형에 맞닥뜨릴 때, 목구멍에 잠긴 침이 넘어갈 때 침은 유난히 달콤한 것은 무얼까. 단순한 혈액순환에서 오는 것인가. 아니면 입안에 모여진 침이 저절로 글리코겐(단물)으로 변화하는 것인가. 아무튼 침이 달다는 혀에서 음식맛을 느껴 아 맛있다고 소리 내어지는 식사시간의 느낌을 맛보았다.

無心에 이르러야 하는 순간은 아직 바라지 않는다. 고정된 30분을 넘겼다는데 성취감은 수희심 卽 기쁨도 함께 할 수 있는 三昧境의 순간을 의식하는 것만으로 滿足했다. 이루어냈다. 어쩐 일인가, 허리 운동도 더해졌는가, 약간 허리통증의 자각 증세가 무디어진 것이겠다. 無心, 無我, 無念, 無想, 無意識의 단계로 나는 끌려오는 순간의 연속. 그렇게 된다면 더 없는 행복감 속에 무릉도원으로 발전해 갈 것이다.

이쯤 해서 머물고 일어날쯤 되면 긴장과 고통에서 해탈하는 기분은 如前했다. 다시 계속 해야지 하는 단계를 바라고 있었다. 다리는 쭉 뻗고 팔은 좌우로 펼쳐 들어 누웠다가 일어나 Bear처럼 기어서 마루로 나오면 온몸이 신나서 춤추는 기분에 싸이는 쾌감은 별미라 할 만하다.

　좋았다. 기뻤다. 해냈다. 실망하지 않겠다. 나에게도 희망이 있었다. 나의 혁명적인 의식 변화만이 나를 치유할 거라는 결심과 희망이 솟아올랐다. 더 분발하여 죽음이 와도 나는 청화스님이 산사에서 앉은 채로 열반에 드셨다는 것을 생각할 것이다. 당시 매체들은 대서특필하였다. 뉴스는 온누리에 꽃을 든 부처님의 환생 같은 것이었다고 어렴풋이 자위하지만, 마지막 자유 平和는 적멸위락의 경지, 바로 그 정상, 히말라야 산정을 오르는 등산가의 기쁨과 一致하는 것이라고, 人生은 修行의 나그네 정신이여야지. 내 人生의 完成을 向한 빛나는 유산이라고 佛心을 태웠다. 부처님 감사합니다. 나는 부처에 귀의하기를 잘했다는 생각으로 가슴 벅찼다.

　변화된 삶의 향기는 지고지선의 行爲의 化學的 變化 以外 세상구제는 없다. 利他의 例처럼 *弘敎* 세상을 맑고 밝게 그리고 행복에의 길로 가는 등불이다. 오직 벼락같은 깨달음의 켜 켜히 쌓아올리는 벽돌같이 不屈의 忍耐로 꾸준히 계속한다면 언젠가는 태양이 떠오를 것이다. Hemingway의 The sun also set tomorrow가 오늘 그대 내일을 영원히 이어지는 부처님의 世界로 우리 모두 손에 손잡고 앞으로 전진하는 것 뿐이다.

침묵은 즐거움의 축제

「침묵이 즐거움의 축제로 피어나야만 비로소 깨달음이 完벽하다고 말할 수 있다. 따라서 나는 명상 후에 즐거움의 축제를 벌일 것을 강조한다. 침묵한 다음에는 그것을 즐기고 감사해야 한다. 그대가 存在할 수 있는 기회, 명상할 수 있다는 기회, 웃을 수 있다는 기회를 선사한 存在界 全體에 대해 감사를 표해야 한다.」

2시에 방석을 깔고 잠시 기도를 올렸다. 그리고 침묵의 명상 속으로 접어들었다. 하지만 만족할 만한 명상은 아니었다. 눈을 반쯤 감고 뜬 상태는 말처럼 쉽지 않았다. 라쇼가 말한 것처럼 명상은 침묵을 조성하는 단계라 할까. 조용히 앉아 있어도 나의 내면에는 엄청한 혼란即, 주로 붓다가 걸어온 길을 따라 이루어 놓은 것을 추적해 보는 생각의 network로 이어지는 생각의 고뇌는 如前히 이어지고 있었다. 넘쳐나는 침묵은 웃음이 된다는데, 아직 멀었다는 생각이다. 더 가봐야지. 더 멀리 無心에 이르기까지는 전체적으로 부처님의 열반 세계는 시간이 더 필요하다고 결론지었다.

하지만, 오늘까지 명상의 태도만큼은 더 자신감이 생기고 있었다. 계속되는 성취감의 잔잔한 기쁨은 나를 그 世界로 안내해 주고 있었다. 고정된 30분은 점점 擴大의 시간이 늘어갔다.

새로운 삶의 향기

아무것도 하지 말고 앉아라.

그대는 아무것도 하지 않고 그저 앉아있다.

모든 것이 침묵에 잠긴다.

모든 것이 平和이고 至福이다.

그대는 神의 世界로, 眞理의 世界로 들어선다.

가능한 한 몸을 움직이지 말라.

몸이 움직이지 않으면 마음 또한 自動的으로 고
요해진다.

몸이 움직이면 마음도 덩달아 움직인다.

몸과 마음은 따로 分離된 것이 아니기 때문이다.

그들은 하나이다. 하나의 에너지이다.

2시 30분 입실 3시 30분 퇴실. 정확히 1시간을 앉아있었다.

두통은 일어나지 않았다. 여러 생각들이 지나갔다.

수많은 思念들이 일어났다. 그러나 참고 참았다.

마음은 수많은 주장을 펼쳤으나 시간낭비, 그렇게 해서 무엇을 얻는가.

좌선하는 동안, 忍耐心은 저절로 커지는 것 같다. 그동안 마음이 부담스러웠다. 서서히 그런 생각이 지워지기 시작했다. 마음의 짐이 가벼워진 것을 느낄 수 있었다. 순간적으로 몸이 가볍고 마음이 고요해지고, 편안한 느낌도 배제할 수 없었다. 차츰 좌선이 익숙하기 시작한 것 같다. 옳다구나. 습관화의 단계에 들어선 것 같다.

부담감으로부터 자연스러움으로 移動하는 기분을 자아내기 시작했다. 앉아있는 것을 당연하게 받아들이는 나를 의식했다. 좌선의 기쁨도 어울리는 느낌도 커 갔다. 익숙됨에서 오는 수희심도 있었고, 새로움의 발견, 좌선에의 거부감이 사라지고, 즐거움도 더해갔다.

無心의 순간도 올 것 같은 느낌도 지나갔으니까. 매 순간 수용적이고 깨어 있는 의식의 유지도 되어가는 것 같다. 더 명확한 응답이 올 때까지 계속하겠다는 비장함도 어우러졌다. 전체적으로 몸도 마음도 가벼워지고 무언가 자기와의 약속 이행이 이루어지고 신선한 맛을 느끼는 것이었다.

(Buddha가 나의 가슴속으로 들어가면 새로운 鼓動(고동), 새로운 맥박이 그대에게 주어진 것이다. 새로운 삶의 향기가 그대 안에 퍼져나갈 것이다. 그러나 이렇게 되려면 Buddha가 그대 안에 들어가야 한다. 마하가섭은 人間의 어리석음을 보고 웃음을 터뜨렸다. 그 자리에 모인 대중은 不安해하고 있었다)

〈Buddha는 眞理는 言語로 表現될 수 없는 것이라고 平生동안 수없이 말해왔다. 그런데 사람들은 여전히 Buddha가 말문을 열기만을 고대하고 있었다.〉

人間 내면의 침묵과 外面의 웃음, 이것이 열쇠이다. 침묵에서 나오는 웃음은 이 세상의 것이 아니다. 그 웃음은 신선하다. 그대는 內面에 不死의 世界를 지니고 있으면서도 죽음과 질병은 무서워한다.

침묵이 즐거움의 축제로 피어나야만 비로서 깨달음이 完벽하다고 말할 수 있다. 침묵한 다음에는 그것을 즐기고 감사해야 한다. 그대가 存在할 기회, 명상으로 웃을 수 있는 기회를 선사한 存在界 全體에 대해 깊은 감사를 표해야 한다.

오해는 不快의 要因

일방적인 생각, 주장, 오해는 남을 不快하게 만드는 要因이 된다.

동기는 항상 mail을 나누면, silly donky라고 한다. 한없이 自己를 낮추며 산다는 정신을 나타내는 敬意로 받아들여진다. 그토록 순수와 순정의 미덕을 지니고 있다. 그런데도, 이따금 고통이 쌓여가면 뜻밖에 自己 ego 속에 숨겨진 단면이 드러나고 있음을 발견한다. 그런 공적 生活에서 뼈가 굵어진 탓에 암암리에 글귀에 묻어나 있음을 發見한다. 유감스럽다.

벽창호가 된 지 오래다. 그 고통을 벗어나려하는 생활의 연속이다. 對話, 소통이 되지 않는

수첩기록으로 의사전달을 하는 사이가 되었다. 역지사지(易地思之)가 절대로 必要한 상태가 있다.

외제 보청기를 끼고 있어 다소 대화를 잇는 것이 조금 향상되었지만, 滿足할 만한 상태는 아니었다. 지난 15일 만나자는 제안을 받고, 나는 친구인 그를 만났다. 우리는 오랫동안 이야기를 나누었다. 내가 s.p에 무지한 인간이란 사실에 항상 미안했다. 늘 그는 나에게 mail을 배우라고 충고를 해왔는데, 나는 그것을 배우지 못한 채 지금까지 文盲으로 살고 있어 소통 不足에 미안한 생각을 갖고 있는 처지다. 하지만, 오해는 일방적인 생각 때문임을 알 수가 있다.

그의 충고는 고마우나 나는 지금까지도 s.p가 없다. 그의 오해를 풀어주기 위해 고향 친구를 만나 배우러 가려고 한다.

3시에 잠을 깼다. 3번째 일어났다. 동이 틀 때

까지, 명상을 결심했지만, 1시간 동안 앉았다. 목표는 달성했지만 滿足스럽지 못했다. 오금이 저리도록 앉아있었다. 하지만, 아무것도 하지 않고 그저 앉아있었고, 모든 것이 침묵에 잠긴다. 모든 것이 平和이고 至福이다.

나는 神의 世界로, 眞理의 世界로 들어선다.
가능한 한 몸을 움직이지 않으려 노력했다.
몸이 움직이지 않으면 마음 또한 自動的으로 고요해진다.
몸이 움직이면 마음도 덩달아 움직인다.
몸과 마음은 따로 分離된 것이 아니기 때문이다.
그들은 하나이다. 하나의 Energy이다.

통일되고 집중된 無我 상태로 있어야 하는데, 눈도 반쯤 뜨고 반은 감고 앞에 벽을 마주하고 앉아 있는 것은 결코 쉽지 않았다. 그때 지나가는 생각들이 꼬리를 잇고 있어 종잡을 수가 없다. 멈

취질 때까지 침묵 속에 있다는 것, 일관된 상황으로 오래 앉아 있는 것은 고통도 따른다. 하지만, 불굴의 인내로 목표 30분~1시간 禪의 世界로 여행을 해야 하는데 좀처럼 목표지점 도달이란….

버티기를 밖이 환해질 때까지 해야 하는데 허리가 약간 뻐근함을 느끼다 이쯤 해서 끝내기로 마음먹고 다리를 뻗고 두 팔은 양쪽으로 뻗어 길게 드러누웠다. 긴장에서의 해방감 해탈의 순간이라 할 만했다.

육체적 압박으로부터 벗어나는 것은 다시 없는 기분 좋은 상태다. 妙한 기분이 온몸을 휩쓴다. 성취의 기쁨, 해냈다는 것에 일차적 만족하기도. 이렇게 하다 보면 언젠가 osho(和尙)가 말하는 대로 無心의 경지에 이르는 상태도 꼭 오리라는 희망을 갖기로 했다. 좌절, 낭패, 귀찮음, 나를 윽박지르는 Damage도 사랑하기로 결심을 했다.

"나에게는 正法의 눈이 있다. 言語를 通해서 말할 수 있는 것은 이미 그대들에게 모두 주었다. 그러나 正法의 열쇠는 이 꽃과 더불어 마하가섭에게 주노라." 이 일화에서 禪의 傳統이 始作되었다. Buddha가 禪의 振法이다. 마하가섭은 첫번째 스승이었다. 地上에 存在하는 가장 아름답고 生動感이 있는 傳統 中의 하나인 이 이야기에서 由來했다.

석가탄신일

김기병 친구와 길상사에 갔다. 한성대入口에서 내려 길상사로 향했다. 地下철 4호선에서 내려 地上으로 올라왔다. 사람들은 뙤약볕 아래 길게 장사진을 치고 길상사行 버스를 기다리고 있었다.

버스를 기다리고 있는 신자들을 운송하는 것이 느려터졌다. 원활하고 시원하게 신자를 나르지 못했다. 답답함을 면치 못했다. 작년이나 금년이나 똑같이 혼란을 면치 못한 인상이 우리들을 속상하게 했다. 기다리다가 작전을 바꾸었다. 점심을 이 근처에서 해결하고 걸어서 가기로 plan을 수정했다.

바꾼 것이 잘되었다. 걸어서 가는 사람들은 많았다. 거리에는 봉축행사의 등불이 어둠을 밝히는 빛의 발산이 되어 그런대로 부처님 오시는 길을 축복하고 있었다. 入口에는 사원 안까지 인산인해로 사원 마당이 비좁았다. 어디로 가나 만원사례의 시장바닥을 방불케 했다. 사원 마당은 하얀 흙먼지를 뒤집어쓸 판이었다. 방송장치는 석가모니 부처님을 찬양하는 높은 소리만 계속 흘러나왔다. 안은 예불을 올리는 신자들로 북적대고 있었다. 여기서도 긴 行列은 만원사례였다. 오후의 뙤약볕은 사람들을 짜증스럽게 하기에 충분했다. 이상 온난화기후를 실감이라도 한 것처럼.

우리는 옆으로 나와 극락전 右편 별채에 가서 布施를 내고, 절을 올렸다. 그날 나는 짜증을 내며 매실을 사 먹는 행사장 안에서 봉사하는 아주머니에게 한마디 했다. 작년도 무질서하더니 금년은 더 엉망 같다고 하니 그래도 아줌마는 미소를 띄면서 이해해 주서요 웃고만 있었다.

　적멸여來의 사원은 아수라장으로 속상했다. "질서존중" 가장 기초가 잡혀 있지 않는 것이 유감이요, 부처님께 죄송스러웠다. 佛敎 무엇이 잘못되어 있는 것일까?

　묵언수행을 결심하고 그날 밤은 잠에서 깨어나, 밤을 새는 명상을 meditation. The first & last freedom을 行爲로 移行했다. 30분 이상이 되는 명상을, 잠은 자지 않고 수행의 자리를 지속해 보기로. 첫 번째는 성공리에 끝냈고, 잠시 쉬었다가 두 번째 시도에 임했다. 결과에 연연치 않고 그냥 불만스럽지만 잠도 이기고, 좌선목표를 달성하겠다는 一念으로 몸을 추스르고 선의 世界로 향했다. 샤워실에 들어가 몸과 마음을 깨끗이 하고 맑은 기분으로 자리를 取했다.

두 번째가 끝났을 때도 하품을 연속 5번이나 했다. 무거운 피로도 겹치는 것이었다. 불굴의 인내심을 발휘하고 3번째는 생각대로 滿足스럽지는 않았지만, 한 시간 가깝게 아무것도 하지 말고 그저 앉아 있어라! 버티는 시간과 싸웠다. 허리도 아프고 엉덩이도 아프고, 얼마 전에 강남의 위빠사나 선원에 다닐 때 명상 시간에 몸을 비비 틀고, 中心이 안 잡히고, 하는 둥 마는 둥 시간만 소비하는 것 같아서 중도 포기한 경력이 있었다. 이번만큼은 사활을 걸고, 진짜 선의 世界에서 희열과 기쁨을 느끼는 맛과 멋을 찾자고 참고, 참고 그리고 참고 웃음이 나올 때까지 가보자고 하는 생각으로 나와의 싸움을 하기로 作心했으니까.

세 번째 수행이 끝내자 시계는 5시가 넘었다. 결국 뜬눈으로 자지 못했다. 새벽 5시 40분경 아내와 나는 여느 때보다 조금 빠른 시간에 산책

길을 향했다. 몸이 약간 비틀거리고 中心이 안
잡혔으나, 걷기도 修行의 일부임에 틀림없다.

아파트의 울타리에 길게 늘어선 빨간 줄장미
가 아침을 더욱 예쁜 시간으로 만들고 있었다.
5分거리 大路변 쥐똥나무 울타리의 녹음 속에서
은은히 향기가 코끝을 간지럽히는 이 상쾌한 걸
음에서 다시 없는 행복한, 신선한 기분이 난다.
인적도 드물고 버스타임도 많지 않은 한가한 신
작로는 미화원 아저씨가 벌써 깨끗이 거리청소
를 마친 상태다. Green선의 카펫은 칸 영화제의
빨간 높은 구두를 신고 수상장으로 가는 아름다
운 장면을 연상케 한다. 비둘기는 지나치는 나그네
가 뿌려놓은 모이 찾기에 날개를 퍼득거리면서
무리지어 하늘에서 천국으로 내려오고 있었다.

아내와 나는 한적한 거리를 헤치며 걸으니 빵
집에서 풍겨나오는 빵 향기가 입맛을 돋구어, 가
다가 가게에 들어가고 싶은 충동이 일었다. 새벽

은 잠을 깨어가고 있었다. 은행나무 가로수의 정원길을 걷는 이 순간순간은 모두가 기쁨과 환희를 마음껏 느끼는 계절의 축복이 아닐 수 없다. 아파트를 끼고 강변터널을 지난다. 거기에서 풍기는 꽃, 나무, 향기를 맡으며 걷는 조용한 새벽길은 분명 하루의 시작을 기쁘게 해주는 삶에의 향기다. 5월은 푸르름의 充만이 넘쳐난다.

우리는 터널을 지나 강변 거북선나루터를 만난다. 하늘 높이 기러기 떼들이 二列 행열로 길게 늘어서 서쪽에서 東쪽으로 공중 높이 날아가고 있었다. 주변의 풍광은 유난히 멋과 아름다움을 만들어내고 있는 길, 한강공원의 명소는 아침마다 내게 있어서는 하루의 기쁨 속에 자아의식을 성숙하게 한다. 신선하고 맑은 내음은 온 천지에서 희망, 기쁨, 믿음, 낭만 파워, 사랑, 평화, 화해, 믿음, 지친 삶의 멍에도 지금 이 순간에는 스며들 곳이 없다. 사랑과 기쁨의 노래, 즐거움만이 나의 내면을 맑음과 새 빛으로 에워싼다.

소중하고 소중한 人生의 축복을 빌어주는 大자연의 신비가 地上에 발붙이고 있는 속인, 범인들에게도 한 줄기 빛, 바람, 새소리, 이름 없는 풀꽃, 나무, 불, 산, 하늘, 모든 존재는 우리를 더욱 기쁘게 해주는 시간과 공간을 만들어 주는 우주의 리듬과 순간임을 알려주고 있다.

마냥 즐겁고 신나고 감사하는 마음을 절로 느끼게 하는 내가 사는 동네의 자랑이자 지복의 향연을 만끽할 수 있다. 바람이 불지 않는 아침에는 강은 호수가 돼 명경 같다. 부지런한 sports 아가씨가 수상스키를 타고 작은 물보라를 일으키며 左右로 흔들며 파도를 일으켜 두 손 들고 꽉 쥔 채 멋지게 파도를 가르며 신나게 앞으로 전진해 가는 한 장면은 산책길을 걷는 나그네들에게도 더없는 기쁨과 즐거움을 준다.

넓은 잔디밭의 한 그늘막에는 하룻밤을 실례하고 단잠에서 깨어나지 않고 한참 한밤중의 꿈을 꾸고 있겠지. 강 건너 현충원 숲속의 푸르름

가끔 조국 영령의 호국정신을 찾는 때가 있다. 광복의 역사 현대사의 큰 발자국을 남긴 이승만 박사.

마하가섭의 첫 번째 웃음.

그는 人間의 어리석음을 보고 웃음을 터뜨렸다. Buddha는 眞理는 言語로 表現될 수 없다는 것을 平生 수없이 말했다. 그런데 사람들은 여전히 Buddha가 말씀을 열기만을 고대하고 있었다. 두 번째 측면은 가섭은 自己自身을 보고 웃었다는 것이다. 왜 지금까지 이해하지 못했을까 모든 것이 너무나 쉽고 간단했다! 이해하게 되던 날, 그대와 웃음을 터뜨릴 것이다. Buddha가 가섭을 불러, 꽃을 건네주며 이렇게 말했다. "여기, 그대에게 열쇠를 전한다."

무엇이 key인가?
침묵과 웃음이다.

그리운 친구

11시 55分, 잠이 깼다. 두통이 났다. 기어서 마루로 나왔다. 왜 이렇게 두통이 나를 괴롭힐까. 두렵다. 무섭다. 이러다 쓰러져 다른 하나의 고통이 생긴다면, 지금보다 더 큰 재앙은 없을 것이다. 人生의 마지막 길에 더 큰 무거운 고통을 안는다면, 생각만 해도 끔찍하다. 두근두근 人生, 근심걱정 없는 하루의 삶도 없다면 흥미가 없어진다.

바라건대, 부처님 저를 치근히 여기시고 용서하소서. 나는 남산 쪽을 향해서 고개 숙여 호소하고 있었다. 부처님 살려주세요. 이 이상 더 아픈 고통일랑 밀어내겠습니다. 살려주십시오. 모든 것을 부처님께 바치려 합니다. 이제까지 지은 죄 업보(카르마)를 달게 받겠습니다. 오늘 이 시간 이후 바로 선정의 세계로 가겠습니다. 용서해 주십시오. 살려주세요. 80 넘은 늙은이의 애원입니다. 호소합니다. 진정 저를 용서하옵소서.

그리고 정신을 차리려고 해도 아직 시간이 이르다. 두통과 함께 몸을 추스를 수가 없어 다시 방으로 들어가 잠을 청했다. 나무아미타불, 관세음보살을 잠이 들 때까지 조용히 마음속으로 암송하며 잠이 오기를 바랐다.

순간 부지불식간에 잠이 살짝 들었나 보다. 다시 일어나기 전 꿈을 꾸었다. 어떤 꿈일까? 수복이 저쪽에 앉아서 나를 향해 안 좋은 인상을 하며 뭐라고 말을 건네려 하고 있었다. 나는 부당한 오해를 하고 있는 수복이가 원망스러웠다. 내용은 정확하지 않지만 그 앞으로 다가가며 "여보게나, 웃게나. 왜 화난 얼굴을 하고 있는가, 무엇이 유감스러움을 만들었는가!" 그저 얼굴을 응시하다가 잠에서 깨어났다.

꿈이었다. 中大 병원에 입원했을 때가 문득 떠올랐다. 그때 나는 이 세상에 태어나 그토록 서럽게 울어본 적이 없었다. 어린아이처럼 큰 소리로 주위도 생각지 않고 소리 내어 가슴을 조이며 운 적이 平生 없었다. 父母님 돌아가셨을 때도 그렇게 울지 못했다. 그는 왜 꿈에 나타났을까. 친구들이 보고 싶어 지하에서 솟아난 것일까. 착잡한 심정이 떠올라 혼돈 상태에 빠지고 말았다. 꿈일 뿐이야! 좀더 오래 살 수 있었는데 병원의 의료사고로 죽은 것은 아닌지 의심스러웠다. 죽음을 자처한 것이었다. 병원 선택과 의사를 잘못 만난 탓이였다.

그날 나는 taxi를 타고 집으로 오면서 쏟아지는 눈물을 주체할 수가 없었다. 가끔 숨을 쉬고 있을 때 끙끙 앓는 소리를 참으면서 손을 놓지 않고 있었던 그가 앉아 있었다면 우리 용마의 모임도 그리 쉽게 문을 닫지 않았을 것이다. 지금보다 훨씬 기쁜 하루하루가 더했을 터인데 말이다. 아! 아! 그리운 친구 수복의 무덤에 한번 가 봐야 하겠다.

그리고 나는 마음을 가다듬고 평소대로 샤워를 하고 如來방에 들어갔다. 눈을 지그시 감고 부처님을 외쳤다. 두려움을 갖고 있는 나는 부처님을 외치며 선의 세계로 조금씩 다가갔다. 벽을 향해 눈을 반쯤 뜨고 반쯤 또 뜬 상태의 유지라는 것은 말처럼 오늘도 sweet하게 되지 않았다.

벽을 넘어서면 공간이다. 방 뒤의 공간은 밖의 공간과 통해 있다. 안의 공간은 밖의 공간과 하나다. 둘이 아니다. 하나는 全體를 의미함이요, 全體는 하나를 상징한다. 水平線上을 향해 갔다고 하자. 水平線에 다다르면 또다시 수평선의 시작일 뿐이다. 우리의 눈에 수평선이 그렇게 보일

뿐 끝에 가면 水平線을 만난다는 생각으로 노를
저어서 그곳을 열심히 向해 간다고 해도 끝은 없
을 것이다. 다시 시작이 기다릴 뿐인데. 우리는 水
平線에 도달하면 무엇인가 있을 것을 기대한다.

마음이란 이상한 것이어서 유혹에도 잘 넘어
가고, 착시에도 잘 넘어간다. 내가 있는 이곳이
바로 출발점이라 평생을 걷다가 제자리로 돌아
오는 것과 마찬가지다. 순간 착각에 눈이 현혹됐
을 뿐, 中心과 여기, 그리고 거기는 하나로 연결
되었을 뿐이다. 수용적이고 깨어 있는 의식을 처
리하면서, 참선의 세계로 들어갈 뿐.

명상 그 자리에서 무엇을 찾고 기다림은 아닌
것 같다. 목적지에 이른다고 하나 목적지가 뚜렷
하게 있는 것도 아니다. 영원의 귀리에서 無我,
無中, 그리고 해탈의 기쁨 속에서 나라는 의식을
버리고, 一切의 고통도 없이 三昧에 빠지면 자연
스럽게 無心상태가 순간 찾아오는 것이고, 환상,

꿈, 성취, 도달, 모든 것을 해낼 수 있다는 자신감과 기쁨의 최고의 정상에까지 自由自在로 느낄 수 있는 자신감이 얻어지는 것이라고 보인다.

나는 없고 기쁨과 환희가 넘쳐나는 無限의 永遠性을 symbol로서 苦惱의 끝에 찾아지는 열반이 거기에 있는 것이다. 장엄경에 나타나는 지상에서 가장 거룩한 시간의 영원성이 기쁨만 먹고 살 수 있는 世界, utopia, 武陵桃源이 있을 뿐. 그 이상의 최고의 절정을 느껴보지 않고서는 仏界의 마지막 진리를 깨달은 맑고 밝은 순간의 선택지가 바로 人間을 人間에서 完成으로 이것을 healing의 극치라 하겠다.

희한한 것은 낮에는 하려고 시도해도 여건의 동력이 방해받는 것일까? 내 속에 不死의 世界를 지니고 있으면서 죽음과 질병을 두려워한다고 지적한 라쇼의 명상법은 體, 心, 영혼을 치유케 하는 仏의 妙法을 깨달은 것임을 어렴풋이나마 조금 알게 된 셈이다. 이런 생각을 확실히 쌓아가면 禪의 世界에서 찾아오는 환희와 웃음 소리가 크게 들릴 것 같다. 끝이 아니라 시작의 동력은 더욱 강화될 것이다. 멈춤은 없다. 시작과 과정 그리고 해탈의 자각 속에서 부처님의 寶花가 새롭게 피어날 것 같다.

침묵이 즐거움의 축제로 피어나, 깨달음이 完벽하다고 말할 수 있다고 OSHO는 말한다.

내가 存在할 수 있는 기회,
내가 명상할 수 있는 기회,
내가 침묵할 수 있는 기회,
내가 웃을 수 있는 기회를 선사한 存在界 全體에 대해 깊은 감사를 표해야 된다고 갈파했다. 행복의 조건, 平生 지녀야 할 덕목은 건강임을 새록새록 느끼게 해주는 시간이 있을 뿐.

친구와의 만남

올림픽 상암 경기장에서 만났다. 김영효가 나
왔다. 치매 할머니를 병수발하는 데 지쳐 있었
고, 고통에서 해방되고 싶은 절박함이 엿보였다.
친구들이 그리웠을 것이다. 속 타는 마음을 털어
놓아서 스트레스도 조금 해소되었을 것이다.

구속받는 생활에서의 탈출, 크든 작든 그는
웃음을 되찾고 있었다. 친구는 언제 봐도 멀리할
수 없는 존재들이다. 설사 미운 짓을 해도 하나
의 농으로, 익살과 웃음으로 넘길 수 있어 좋다.
실은 다 무사통과의 과용인가, 아무튼 친구와 만남
은 즐겁고, 반갑고 신남이 마음 밑바닥에 깔려있

다. 그래서 언제나 좋다는 생각이 솟는 것이다. 철수는 일주일에 한 번 만나는 것을 두 번으로 늘릴 것을 제안하고 있었다.

조금씩 상실의 허탈함이 시간과 함께 찾아오는데 죽음의 不安도 작용했을 것이다. 만남에서 오는 이 즐거운 시간 찾기와 보석처럼 반짝이는 生命 에너지의 힘이 우리들을 버티게 하고 있었다. 他界한 친구가 꿈에 나타났다고 말하자 불현듯 친구는 죽음의 동반자 역할을 하는 도반이기 때문이다.

일기를 쓰는데 모기 한 마리가 내 팔에 매달리려고 해 나는 사정없이 손을 내려쳐 生命을 죽이고 말았다. 벌써 모기가 내게 人事를 했는데도 고맙기는커녕 때려 잡다니 무의식적 발동은 그것이 우리들의 피를 빨아먹는 적이었기 때문이다. 방충망을 뚫고 어떻게 들어왔을까. 올 여름의 고를 알리는 신호탄이었다. 대비해야 해.

TV의 노예

TV 앞에 앉아있는 시간을 줄여야 하는데, 만성병 고질병들이 TV를 사랑하게 되었으니, 내 의지는 아직도 test 단계에 있다. TV 중독은 말처럼 안 한다고 단념할 수가 없게 되었다. 질병도 보통 질병이 아니다. TV에서 얻어지는 것이 무엇일까. 기껏해야, 廣告에 홀리는 일, 정보를 얻는 것, 선전에 솔깃해지는 것, 得보다 實이 더할 것 같은데, 마력 같은 힘을 TV는 갖고 있다. 기계의 노예가 나도 모르게 되어 가고 있다.

명상시간이 smart하지 못했다. 두통만큼 말끔히 깨끗하고 맑음이 없었다. 失敗, 不滿足, 벌써 후퇴, 싫음의 단계가 돼 가고 있는 것일까.
마음을 다잡아야지. 마지막 자신과의 약속 이행
이 부서지지 않도록 각오에 각오를 다짐했다.

아무것도 하지 말고 앉아라.
그대는 아무것도 하지 않고 앉아있다.
모든 것이 침묵에 잠긴다.
모든 것이 平和이고 至福이다.
그대는 神의 世界로, 眞理의 世界로 들어선다.
가능한 한 몸을 움직이지 말라.
몸이 움직이지 않으면 마음 또한 自動的으로
고요해진다.
몸이 움직이면 마음은 덩달아 움직인다.
몸과 마음은 따로 分離된 것이 아니기 때문이다.
그들은 하나이다. 하나의 Energy이다.

선인들은 아무것도 하지 말고 그저 앉으라고
말한다. 그것은 세상에서 가장 어려운 일이다.

그러나 일단 이 기술을 알게 되면, 禪에 몇 시간씩 아무 말도 하지 않고 앉아있기를 몇 달 동안 계속하면, 많은 변화가 일어날 것이다. 처음으로 졸음이 오고 꿈결처럼 아련하게 여러 생각들이 지나갈 것이다. 수많은 思念들이 일어날 것이다.

부처님, 仏

9시에 잠자리에 들어갔다. 새벽 2시가 막 지나고 있었다. 샤워를 마치고 如來房에 들어갔다. 잠시 기도를 올리고, 좌선을 取했다. 많은 思念이 순간순간을 가로막았다. 아무것도 하지 않는다는 것이 고통이라는 표현이 맞지 않을까? 그럴 때마다 부처님, 仏을 외쳐댔다. 꼬리를 잇는 思念을 물리치려고 나는 부처님, 부처님, 열 번이고 외쳐대며 정진을 계속했다.

自己自身, 自己성찰, 사색을 넘어 철학적 사유 또 높은 의식 世界로 올라갔다. 불현듯, 구름만 찍으려고 대학 교수직을 사표 내고 본격적으로 구름만 쫓아다니는 분이 생각났다. 나는 그 교수를 생각했다. 직업을 내팽개칠 정도로 유혹이 끌리는 것이 예술이라 표현함에 달리 말할 수가 없었다. 그리고 中大 교수 김대연 선생의 10년 전 일을 생각한다.

한때 잠깐 News 화제가 되었었다. "쌀 한 톨 속에다 반야심경 260字를 붓으로 써 넣었다"는 報道보다는 화제 중 화제일 수 있지 않나 싶었다. 이것 역시 凡夫의 지식, 지혜를 다 긁어모아도 흉내도 상상도 할 수 없는 일이 아니던가. 기이하나 상상을 초월하는 선의 세계에 빠진 것이 아니고는 상식의 생각은 겻불도 생각할 수가 없지 않나 싶다.

인간의 잠재적 능력은 神의 선물이라, 우주를 초월하는 神祕의 世界를 넘어서는 禪의 세계에 몰입하게 되고 어떻게 그런 일을 해낼 수 있을까. 생각, 사유, 상상의 힘은 하나의 Energy라

表現할 수밖에. 몸과 마음은 따로 分離된 것이 아니기 때문에, 환상, 가상이 실상으로 만들어지는 예술의 극치는 바로 佛心의 상상력과 一致하는 것이 아니고는 달리 표현할 수가 없다. 凡夫의 두뇌로서는 접근할 수조차 없는 神의 世界, 仏의 世界라 하지 않을 수 없다.

그리고 도올의 作家 이두환의 화가. 뉴욕을 뇌살시킨 무서운 作家의 그림 '점과 선'은 최첨단의 예술 비평가와 예술人들의 예찬이 마구 쏟아지더니 일약 세계적 존재로 우뚝 섰다. 그는 paris가 초청하는 영광까지 얻었다.

〈두통이 가시지 않았다〉 힘들었다.

예술人의 진리는 미의 탐구의 마지막 종착역이자, 새로운 미래 세계의 무릉도원이 아닌가. 凡夫의 눈과 화가의 통찰력은 가히 하늘과 땅 차이라고 이를 두고 하는 말이 아니려나! 世界가

注目하는 한국 화가의 추상화 그것은 現實 속에서 빛을 발해 찬란함의 넋을 잃고 그 작품 世界를 탐색하는 긴 여정 없이 감상할 수가 없으리라.

神의 世界의 비장을 풀어놓은 초청 作家의 누구를 초월하자고 하는 말 即 人間의 원초적 본능과 창조적 표현의 융합이 드디어 인간의 심혼에 불과 빛을 당겨놓은 holy 그리고 人간성의 가장 깊고도 깊은 원초적 본능과 잠재적 창의력이 합쳐진 내가 그려낸 것이 아닌 그렇게 그리라고 '그림 붓'만이 우리들이 겪을 수 없는 수백 시간의 경지를 파헤친 삶이 근원적 창조력이 보여준 禪의 世界에서나 만나는 정신과 육체 그리고 하나의 魂불이 승화하여 自我의식에서 담담한 幸福이 갖는 순간 포착이 벼락처럼 우리에게 다가선다. 그리하여 머리를 절레절레 흔들며 一視無言, 함구무언의 진리 앞에 두 손을 모으는 아름다운 그 순진, 순박의 토착적인 순수의 솔직함, 정적함의 발로가 폭발하는 하나의 별이다.

이름하여 한국人만이 그려낼 수 있는 천부적 DNA를 如實히 표현하는 人間과 神 그리고 仏의 世界에서 만난 조화의 찬란한 빛이 녹아나 있음을 世界人들에게 던져준 世上의 시작과 끝 그리고 삶의 의미를 상징하는 실증적 힘이 녹아있다. 왜 살아야만 하는가? 어떻게 살아야 하는가 하는 철학적 명제 앞에 인간의 탐욕하는 탄생의 妙약이 승화돼 있어, 凡夫의 나그네도 가다가 시선을 뺏겨 황홀한 무아지경 속에서 미적 본성과 인간의 원초적 본능과 융합된 사랑의 Energy의 발현이다.

이 지상에서 存在하는 가장 아름답고 찬란한 生動感 넘치는 신선의 世界가 아니던가. 언어를 넘어선 가슴과 가슴, 혼과 혼이 마주치는 아름다움이 최고의 가치이자 새로운 삶의 활기를 쏟아지게 하는 폭포 앞에 선, 숨막히는 찰나에 나도, 너도 우리가 모두 삼라만상의 하나다. 하나에서 왔음을 상징적으로 나타낸 마지막 예술의 원초적 상실된 것을 feedback 해야 할 핵의 야만성을 물리치는 인간이 바라는 마지막 平和, 사랑, 행복의 그리움이 녹아내린 점과 선이었다.

언어로서 만날 수 없는 봄, 침묵, 그리고 즐거움이 피어나는 깨달음이 完벽해지는 禪의 世界와 맞물려 있었다. 내가 存在할 수 있는 이유, 침묵할 수 있는 기회, 그리고 감당하는 명상을 함께 얻은 기회, 기쁨과 환희심에 쌓인 모든 存在界에 대한 인연의 뿌리 깊은 감사에 고개 숙여지는 성찰과의 예술적 빛과 만나는 거룩한 神話가 서려 있었다.

1월: 배려(일관성), 2월은?, 3월 안전?, 4월 '文化禮節'에 낙제점밖에 줄 수 없는 것이 부끄러워 속상하다. 횡단보도 신호등 아주 간단한 것을 무시해 버리는 것이 익숙해 잘못을 저질러도 그냥 넘어가려고 한다. 가당치도 않건만 떼쓰는 아이

처럼 뭐 그런 걸 갖고 야단치느냐 비난하면서 뻔
뻔하게 대드는 표정이 한심스럽다. 거리를 걷노
라면 노소를 막론하고 입에 달고 다니는 음료수
를 먹고 난 뒤에 슬그머니 제자리 아니면 으슥한
길바닥 아무 곳에나 버리는 불쾌한 익숙함에 초
보상식도 없는 내가 부끄럽다. 캠페인이 지속
돼야 한다.

　겨우 1시간을 앉아있었다. 일어날 무렵 無心
이 번쩍거렸다. 벽에 갇혀도 생각은 자유, 제멋
대로 思念이 일어나고, 야단스럽게 이 생각 저
생각이 뒤죽박죽 그야말로 轉倒蒙想이 들락날락
하는 것 언제 멈춰설지 생각하지 않기로 했으나,
고통스러워 머리도 깨끗하지 못했다. 일어설 때
허리의 압박은 피하거나 잊어버릴 수 없었다. 그
럴 때마다 부처님 부처님 외워댔다. 그리고 경주
석굴암에 앉아있는 부처님을 내 눈앞에 옮겨 놓
고 부처님을, 나무아미타불을 외워댔다.

아무것도 하지 말고 앉아라.

그대는 아무것도 하지 않고 그저 앉아라.

모든 것이 침묵에 잠긴다.

모든 것이 平和이고 至福이다.

그대는 神의 世界로, 진리의 世界로 들어선다.

가능한 한 몸을 움직이지 말라.

몸이 움직이지 않으면 마음 또한 자동적으로 고요해

진다.

몸이 움직이면 마음도 덩달아 움직인다.

몸과 마음은 따로 分離된 것이 아니기 때문이다.

그들은 하나이다.

하나의 Energy이다.

〈달, 月星 3일 내내 마루에 如來房에 비쳤다〉
사방에 활기찬 즐거움이 일어날 것이다.

이것을 침묵에 대한 기준으로 삼아라.

넘쳐나는 침묵은 웃음이 된다. 홍수처럼 불어난 침묵은 사방으로 넘치기 시작한다.

이것이 웃음이다. 마하가섭은 미친 듯이 웃었다. 하지만 그 웃음 속에 마하가섭은 없었다. 침묵이 웃고 있었다. 침묵이 웃음의 꽃으로 활짝 피어난 것이다.

침묵이 즐거움의 축제로 피어나야만 비로서 깨달음이 完璧하다고 말할 수 있다. 따라서 나는 명상 후에 즐거움의 축제를 벌일 것을 강조한다. 침묵한 다음에는 그것을 즐기고 감사해야 한다.

그대가 存在할 수 있는 기회,
그대가 瞑想할 수 있는 기회,
그대가 침묵할 수 있는 기회,
그대가 웃을 수 있는 기회를 선사한 存在界에 대해 깊은 감사를 표해야 한다.

2장

2015년 6월

나라를 위한 기도

10시에 잠자리에 들어갔다. 일어나자 새벽 2시가 돼가고 있었다. 앉은 자리에서 기도를 올렸다. 거룩하신 부처님이시여! 求道者이신 부처님이시여! 지혜의 完成者이신 부처님! 全知하신 부처님이시여! 大正覺을 깨달으신 부처님이시여! 거룩하신 부처님이시여!

지금 나라가 백척간두에 있습니다. 이 위기 일촉즉발에 있는 우리들에게 단비를 내려주십시오, 그리고 부처님의 지혜를 쏟아부어 넣어주십시오. 분당만 있고 정치인의 소명의식은 실종되었나이다. 해야 할 것을 미루고 미루고 언제 다시 토론하고 의론하여 국민의 소망을 들어줄지

물 건너갔습니다.

국회 선진화법은 언제 만들어졌는지 국민은 아는 바가 없는데, 저들이 만들어 놓고 야당의 동의 없이는 절대로 법안이 통과되지 않는 발목 잡기 국회로 입법해 놓고, 자기들의 권한 누리기에 血眼이 돼, 분당의 利益에만 골몰하고 쾌재를 부르고 나라와 국민은 아랑곳하지 않고, 밀쳐버리고 있습니다. 불쌍하고 가엾습니다. 저들이 과연 국회의원이며 정치人인지 알 수가 없습니다. 굽어살펴 주시옵소서!

나라가 망할 때는 外침이 먼저 오는 법이 없음을 歷史는 교훈으로 남겨 주었고, 지금 나라의 멸망에 대한 story를 드러내어 비정치권에서 역사의 실체를 밝히고 있으며 국민의 경각심을 불러일으키고 있건만, 한사코 거기를 '나 몰라라' 내 알 바 아니야. 시간 끌기 작전, 음흉한 철두철미의 立法權者의 오만과 이익만 있고, 국민은 안중에 없고 정권타도 수권정당의 이익, ego만 활개를 치며 난동 상태에서 네 마음대로 안 돼, 내 마음대로 되지. 칼을 휘두르고 國政의 공백, 정체로 괴롭히고 있습니다.

부처님! 거룩하신 부처님 길과 방법을 가르쳐 주시옵소서! 이 백성들에 참 깨달음이 무엇인지를 손 놓고 있으니 어떻게 하면 좋을까요?

2시부터 40分가량 아무것도 하지 않고 눈을 지그시 감고 그저 앉아있다.

모든 것이 침묵에 잠긴다.
모든 것이 平和이고 至福이다.
나는 神의 世界로, 眞理의 世界로 들어선다(人物).
가능한 한 몸을 움직이지 않고 있다.
몸이 움직이지 않으면 마음 또한 自動的으로 고요해진다.

몸이 움직이면 마음은 덩달아 움직인다.
몸과 마음은 따로 分離된 것이 아니기 때문이다.
그들은 하나이다. 하나의 Energy이다.

호수처럼 불어난 침묵

겨우 30분 고정된 시간을 준수했다. 나는 누구인가 나는 누구인가 대답이 나올 때까지 물으라 했다. 답은커녕, 꼬리를 잇는 생각, 생각, 생각, 마음, 마음이 지나갔다. 처음 명상할 때보다 자연스럽지가 않았다. 이제 禪이라는 것은 초보 상태에 있는 것 같다. 넘쳐나는 침묵은 웃음이 되고, 호수처럼 불어난 침묵은 사방으로 넘치기 시작한다고,

이것이 웃음이다. 마하가섭은 미친 듯이 웃었다. 하지만 그 웃음 속에 마하가섭은 없었다. 침묵이 웃음의 꽃으로 활짝 피어난 것이다. 침묵이 즐거움의 축제로 피어나야만 비로서 깨달음을 完벽하게 말할 수 있다.

현충일

머리가 맑지 않았다. 두통이 계속되었다. 샤워를 하고 如來房에 들어가 坐禪을 시작했다. 30분이 지나고 1시간이 가까이 되었다. 이상한 體驗이 있었다. 고정된 坐禪이지만, 겉은 조용한 것 같지만 안에는 혼란의 연속으로 이어졌다. 幼兒戰爭이 계속되었다.

하나의 생각이 꼬리를 잇는 것도 不可피했다. 순간순간 無心이 없지는 않았다. 자리에서 일어나 마루로 나갔다. 시계를 보고 마루에서 經行을 하다가 다시 두 번째 坐禪에 들어갔다. 그 과정에서 간간히 긴장돼 있는 것을 느끼게 된다. 머리가 복잡하고 心亂이 일어날 때, 생각을 멈추기가 잘되지 않을 때에는 나무아미타불을 마냥 외쳐댔다. 부처님 저를 살려주세요. 수십 번 呪文을 외우듯 중얼댔다. 그러다 부처님의 저 거룩한 좌선의 모습을 떠올렸다. 그럴 때마다 경주 토함산에 있는 부처님의 좌불상을 상기했다. 그리고 부처님의 저 모습 속에서 나를, 나의 얼굴을 부처님과 하나로 하여 부처님마냥 외쳤다.

잠깐 自我가 無我之境에서 부처님 저의 머리맡에 오셔서 정신의 혼란스러움을 제거해 주소서. 제 머리를 어루만져 주소서. 죽비로 저를 꾸짖어 주소서. 저를 품에 안아주소서. 아기가 엄마의 품 안에 안기는 그 순간을 붙들어, 仏과 나를 하나가 되도록 간절히 기도하듯 나무아미타불을 소리내어 呪文처럼 부르짖었다.

그러자 내 몸이 약간 열이 나는 듯하더니 눈에서 눈물방울이 떨어졌다. 이 佛子 당신 앞에 있으면 한없이 어린 아기가 되고 있나이다. 저를 안아 주소서. 부처님. 수십 번은 암송했다. 그러자 흐흣 흐흣 웃음이 절로 터져 나왔다. 시원했다. 뿌듯했다. 맑고 가벼운 날 듯한 妙한 기분에 싸였다. 幻想인가, 뭐에 홀린 걸까. 부처님께 나를 내맡기는 그 순간 환희심과 기쁨이 마구 엄습했을 때 나는 한없이 비움의 끝에서 참아오는 명상 침묵은 새로운 妙한 體驗 속에 빠져 있었다.

비록 짧은 시간이지만 종교 아니 신앙심에 불이 붙으면 이런 妙하고 不可思議한 世界가 나타나는 것이 아닐까. 바로 이 신비스러움과 영험의 世界에 入境되면 나는 깡그리 없어지고, 이른바 부처님께서 설하던 解脫. 極樂의 世界에 몰입되어, 마지막 비움이라는 空, 실제 우주의 어느 지점에 있는 眞空상태가 있다고 하는 과학자의 주장에 同意하게 됨을 입증하는 것이 되고도 남는 것 같다.

無心, 해탈, 열반의 三昧境이 卽 비움의 마지

막에는 궁극적인 목적지는 의식을 지닌 눈에 낯설지 않은 武陵桃源, 仙師들이 말하는 심오하지만 그런 世界에 머물 수 있어, 自由自在할 수 있는 인간 실존의 거룩한 장엄함에 침몰돼, 우리 人間이 全知全能을 상징하는 神의 경지이자, 부처의 世界만 남고 철두철미 나를 배제시킨 無我之境 속에서의 恨없는 기쁨에 감싸져 生死不二, 宇宙와의 一體, 하늘과의 一體, 自立과 一體가 될 수 있음을 확신하게 되는 거라는 주장이 가능해진다. 83세 벼락같은 소중한 경험을 맛보게 되었다.

"세상에서 제일 어려운 것. 아무것도 하지 말고 그냥 앉아있어라."

명상, 제일 단계로 성공적인 결과가 분출되었다고 나는 확신하게 되었다.

自己自身이 눈을 뜨게 된 사람이 되었다는 것이 된다. 각자의 차원을 높이는 동기가 된 것이다.

그것은 「一切의 惡行을 멈추고, 선行을 實行하는 것이 人間으로서 해낼 수 있는 限없는 努力을 쌓아감에 따르는 것만이 自我實現은 가능한 것이다. 그런 의미에서, 진실로 「佛法에 不可思議한 것은 없다」고 말하지 않을 수 없겠다. 人間의 Greatness(위대성)는은 바로 여기에 있는 것이다.

神의 意志가 아닌가, 人間의 意志가 꽃피워지면 하나의 詩句처럼 〈올라갈 때 보지 못한 꽃을 내려올 때 그 꽃을 보았네〉

눈을 뜬 사람을 마음에 새기자. 고타마의 弟子들도, 항상 깨닫고, 밤낮없이 언제나 생각에 눈을 뜬 사람 「Buddha」를 가슴에 품고 있다(法句經 296 page)

Buddha의 出身種族은 석가(Sekiya 산스크리트어 Sakya 釋迦)이다. 당시 北印度의 갠지스 강 阿中流城 地方 어느 수종의 種族들이 남아 있었는데, Sakiya 族도 그 하나였다. 이것은 여러 氏族이 돼 있었던 것 같다.

　Buddha는 Sakiya 種族中의 고타마 氏族에 屬한다. 種族社會의 通例로서 個人名은 種族名 또는 氏族名으로 불린다. 거기서, Buddha도 「고타마」라고 말하고 있다. 고타마는 「最上의 牡牛를 갖고 있는 것」이라고 하는 의미에서 알 수 있는 것처럼, 고타마 氏族은 牡牛를 사용한 水田경작에 종사하는 농경氏族이었다.

깨친 자

아무것도 하지 말고 앉아라.

그대는 아무것도 하지 않고 그저 앉아 있다.

모든 것이 침묵에 잠긴다.

모든 것이 平和이고 至福이다.

그대는 神의 世界로, 眞理의 世界로 들어선다.

가능한 한 몸을 움직이지 말라.

몸이 움직이지 않으면 마음 또한 自動的으로 고요해

진다.

몸이 움직이면 마음도 덩달아 움직인다.

몸과 마음은 따로 分離된 것이 아니기 때문이다.

그들은 하나이다. 하나의 Energy이다.

不屈의 忍耐로 앉아 있기를 계속한다면, 어느 날엔가 太陽이 떠오를 것이다.

"나에게는 正法의 눈이 있다. 言語를 通해 말할 수 있는 것은 이미 그들에게 모두 주었다. 그러나 正法의 열쇠는 이 꽃과 더불어 마하가섭에게 주노라." 地上에서 가장 아름답고 生動感 있는 傳法中의 하나인 禪이 이야기에서 由來했다.

"言語로 말할 수 있는 것은 이미 그대들에게 모두 말했다. But 언어로 말할 수 없는 것, 그것을 나는 마하가섭에게 傳한다. 이 열쇠는 언어로 傳할 수 없는 것이다. 이제 나는 이 key를 마하가섭에게 넘겨주노라."

가섭은 웃음을 터뜨렸다 Why?

1, 마하가섭은 人間의 어리석음을 보고 웃음을 터뜨렸다.

2, 마하가섭은 自己自身을 보고 웃었다는 것이다.(왜 지금까지 이해하지 못했을까? 모든 것이 너무나 쉽고 간단했는데!)

3, Buddha에 대한 웃음이다. 그의 오랜 침묵에 대한 웃음이다. Buddha가 창조한 상황을 보고 웃었다. 열쇠의 안쪽은 침묵, 열쇠의 바깥은 즐거움과 웃음.

仏弟子를 savaka(sanskrit 語)라 한다. savaka 라고 하는 것은 「듣는 사람」을 意味, 結局, Buddha의 가르침을 듣는 자라고 하는 것이다. 항상 Buddha 가까이 남아 있던 최초기의 仏弟子를 더욱 정확하게 말로 나타낸 것이라 하겠다.

「항상 의식적으로 눈을 뜬 것(正等覺)」은, 文字 그대로 「훌륭하게 깨친 者로서 눈을 뜨고(覺醒(각성)(suppa buddha며 pabujihanti)라고 하는 것이다. 「善覺」(선각)라고 漢譯된 말로써, 보통은 在家信者를 가리킨다. 하지만, 여기서는 一般的으로 佛

敎人이라고 알면(이해) 좋을 것이다.

「깨친 者」는 Buddha로서, 佛陀의 音寫語 (음사어)가 사용된다. Buddha 라고 할 때는 仏弟子의 일을 「눈을 가진 사람(者)」(cakkhumat, Samantacakkhu 라고도 말한다)이라고 부르는 것은, Buddha 또는 善覺과 관련이 있다고 생각된다. 이 世上의 實相을 보는 사람이라고 말하는 정도의 意味이다. Buddha 라고 하는 呼稱은 자이나 敎, 敍事詩「마하 바라밀」등에도 共通한 것이다.

固定된 자세로 40分 以上 아무것도 하지 않고 있었다. 어제 새벽에 있었던 느낌은 없었다. 왜 내가 눈물을 흘리고 한참 허튼 웃음을 웃었는지. 마음을 괴롭히고 기쁨, 환희, 그리고 침묵에서 깨어났을 때 더없이 흔한 말로 운동을 마치고 나면 온몸이 나는 듯 상쾌한 것처럼 느껴졌음에 놀랐다.

왜 눈물이 나왔을까. 흐느낌은 꾹 참았다. 그

리고 훗훗 슬픔을 참지 않고 억제할 때 같은…
그동안 禪의 맛을 느꼈을 때 라쇼가 말한 그런
상황을 창조했던 경험 혹시 내게 나타난 현상이
였을까. 라쇼의 말을 인용하면, 禪의 웃음소리라
고 착각 아니면 그 시작 단계일까.

어느날 붓다가 특별한 說法을 하기로 되어 있
었다. 설법을 듣기 위해 사방에서 大衆이 모여
들었다. 드디어 Buddha가 모습을 드러냈을 때,
그의 손에 꽃 한 송이를 들고 있었다. 대중은
Buddha의 설법을 기다리고 있었다. 그런데 시
간이 지나도 Buddha는 입을 열지 않았다. 다만
꽃을 바라보고 있을 뿐이었다. 이런 식으로 시간
이 흘러가자 大衆은 不安해졌다. 그런데 마하가
섭이 더 이상 참을 수 없다는 듯이 크게 웃음을
터뜨렸다. Buddha가 손짓으로 그를 불러 꽃을
건네주고 大衆에게 이렇게 말했다.
　"나에게는 正法의 눈이 있다. 言語를 通해 말

할 수 있는 것은 이미 그들에게 모두 주었다. 그러나 正法의 열쇠는 이 꽃과 더불어 마하가섭에게 주노라."

이 逸話는 가장 중요한 사건 中 하나이다. 이 일화에서 禪의 傳統이 시작되었다. Buddha가 禪의 根源이라면 마하가섭은 첫 번째 스승이었다. 地上에 存在하는 가장 아름답고 生動感이 있는 傳統中의 하나인 禪이 이 이야기에서 由來되었다. 다시 말해, 言語로 말해 줄 수 있는 것은 이미 그대들에게 모든 말을 했다. But 언어로 말할 수 없는 것, 그것을 나는 마하가섭에게 傳한다. 이 열쇠(key)는 언어로 전할 수 없는 것이다. 이제 나는 이 열쇠를 마하가섭에게 주노라. 이것이 禪의 起源이다. 마하가섭은 그 열쇠를 간직한 첫 번째 人物이 되었다.

보리달마에 이르기까지 6名의 祖師가 인도에서 나왔다. 달마는 6번째로 열쇠를 넘겨받는 사람이었다. 달마는 열쇠를 받을 수 있는 사람, 침묵을 이해할 수 있는 사람, 마음에 집착하지 않고 가슴과 가슴으로 말할 수 있는 사람, 言語를 넘어선 이러한 交流는 가슴과 가슴으로만 가능하다.

30分 동안 고정된 자세로 앉아있는데, 익숙되어가는 修行이라고 생각한다. 처음 그까짓 30분을 앉아있는 것이 자연스럽게 되지 않을 리가 없겠다고 결심했으니까. 그렇다. 修行은 凡夫들의 생각으로는 접근하기 어려운 바로 그것이 문제다.

원죄를 가지고 世上에 나왔다고 하는데 나 자신도 모르게 overlap 되어 내 마음과 생각에 겹겹이 쌓여 있는 것들이 벗겨지는 순간이 아니었을까. 참회와 후회 그리고 과거에 경험하지 못한 '眞空妙法'의 世界에 접근하려는 의식에 뿌리하고 있는 것 같았다. 아무튼 카타르시스 같은 것이 오는 것 같은 야릇한 심경이 發見되는 순간이었으리라. 포기보다는 더 강화하는 길을 모색하

겠냐는 의지의 발로에 나 자신도 놀랐다. 하지만
오늘의 禪은 평상의 흐름에 滿足했다.

　　　　　　　　　　　　나의 坐禪日記

인간의 잠재능력

새벽 2시 30分에서 3시 25分까지 고정된 시간을 지켜냈다. 시작은 無心의 狀態가 오는 순간을 느끼는 것이다. 두통의 완화. 顚倒夢想의 思念이 일어나고 부처님의 침묵, 생각, 마음, 득도의 순간은 깨달음의 극치. 더 以上이 없음을 확신하는 순간이 아! 부처님, 부처님의 침묵에 잠겨있는 저 거룩한 모습! 부처님의 三昧鏡에 잠겨있는 저 平和스럽고, 편안함의 극치! 부처님의 得道하신 순간의 모습. 부처님의 환희와 기쁨 그리고 영원에 이르는 創造의 상황!

부처님의 찬란한 빛처럼 밝아오는 상황 그리고 석양에 지는 붉은 태양의 莊嚴함의 순간을 世

上에서 가장 행복한 순간이었음을 몸소 발견하는 것 그것은 내가 부처님과 하나 되는 위대한 진리의 깨달음 같은 것임을, 내 몸은 뜨겁게 달아오르고 있었다.

좌선을 마치는 순간 긴장에서부터 해방되는 뿌듯한 상황인식 중간에 큰 호흡은 몸의 조화로운 균형감각이 느껴지는 날숨과 들숨이 있었다. 확실히 숨을 쉬는 것은 누구나 의식하고 쉬는 사람은 없다. 이런 좌선 과정에서 새삼 신비스러운 것을 맛보지 않고서는 바로 그것이 몸과 마음 不二임을 확신할 수 있다. 生死不二 역시도 이런 체험에서 확인할 수 있다. 초월 世界는 내가 佛界(宇宙, 하늘)와 하나가 되는 의식의 느낌이 있기에 그 境地 到達 자체가 하나의 점에 接했다고 하겠다. 점점 더 심화과정을 거치면 확실히 그 現狀과 實相의 차이가 이해되리라고 본다. 이제 初等者의 새 發見 같은 것이리라.

하지만, 부처님은 그런 世界를 周遊天下를 하신 것이 틀림없다는 확신이 있었다. 이제 막 발걸음 하나를 딛고 일어선 아기의 기쁨 그것과 흡사하다. 당신도 지금 1년도 못 미치는 걸음마를 배우는 당신 자신의 아기 天使가 한 발 딛고 기뻐하는 모습을 想像해 보라!

우리가 일상에서 不可思議하다고 고개를 갸우뚱거리거나, 몸을 고무줄처럼 자유자재로 구부리고 펴고, 몸을 자유자재로 하는 Ballet하는 즉 인류 champion을 보고 경악을 금치 못했던 무대 위의 광경에 관객은 아! 저런 입을 열고 숨이 막히는 순간, 저걸 어떻게 할 수 있단 말인가? 신기, 신비, 경악, 말문이 막히는 순간 포착의 예술 작품 감상을 의식한 일을 想起해 낸다. 人間은 不可能을 可能으로 만든 文明(文化)의 進化를 해 왔고, 지금도 계속 연구를 밤낮없이 하고 있지 않은가?

人間의 잠재능력은 무궁무진함을 예술, 마술,

신화, 종교, 과학, 世界에서 스포츠, 이따금 마주친다. 神의 영역까지 이르지 않고서는 이해할 수 없는 그런 世界로 도전의 시간은 지금도 世界의 중요한 연구室에 불빛이 꺼지지 않고 있다. 진화는 不可能을 可能으로 만들어 가는 神, 자연, 하늘, 우주의 섭리에서 오는 理致를 파악할 수 있다.

例컨대, 人間은 萬物의 영장이라고 갈파했던 사람이 있었다. 古代人의 원시적 주문에서 시작, 오늘의 종교적 탄생을 믿는 世上의 眞理는 과학, 사랑, 종교, 文明 등 모든 것을 포괄(포섭)하고 있다. 生命의 아름다움 그것은 그 자체가 하나의 에너지다. 영감은 도처에서 느낀다. 발전의 원동력은 영감에서 온다고 해도 크게 틀리지 않는다 하겠다.

그대는 아무것도 하지 않고 그저 앉아 있다.
모든 것이 침묵에 잠긴다.

모든 것이 平和이고 至福이다.

그대는 神의 世界로, 眞理의 世界로 들어선다.

가능한한 몸을 움직이지 말라.

몸이 움직이지 않으면 마음 또한 自動的으로 고요해
진다.

몸이 움직이면 마음도 덩달아 움직인다.

몸과 마음은 따로 分離된 것이 아니기 때문이다.

그들은 하나이다. 하나의 Energy이다.

그대와 나는 왜 숲이 아닌가

7시경 하와이에 사는 채길의 전화를 받았다. 아주 반가웠다. 얼마만인가? 기다리고 기다리다 지친 상태에서 너의 전화는 가히 충격적이었다. 그동안 죽었는지 단념하고 있었는데 生生한 친구의 목소리를 듣는 순간, 그리운 사람은 그리워라는 시구가 떠올랐다. 그는 점점 미국 언어에 익숙해지면서 우리말 발음이 망가지고 있는 느낌이 들었다. 살아있다는 자체가 기적임을 새삼 의식하고 있다. 그는 내 편지와 사진 서너 가지를 벽에 걸어 놓고 있다는 점을 강조하고 있었다. 우리가 죽을 때 가지고 가고 싶은 기억이 있다.

잠시 대화를 나누고 전화가 끊겼다. 달려가서

끌어안고 싶은 마음 바로 그것은 中, 高 시절 우리가 함께했던 즐겁고 신났던 시간들을 마음속에 고이 간직하고 있기 때문이다. 그 친구와의 추억을 더듬고 있었다.

교보문고에 갔다. 老子의 思想 책의 도착 여부를 확인하러. 담당자는 지금 책이 우편으로 가고 있다는 것이다. 빌딩 벽에 걸린 사연이 주는 메시지는 "제가끔 서 있어도 나무들은 숲이 있어 그대와 나는 왜 숲이 아닌가?"

그대와 나는 왜 숲이 아닌가.

목 마르게 타오르는 그리움, 형제를 6.25 전쟁에서 잃고 아픈 상처가 겹겹이 쌓여 마음 한곳에 분노는 아물지 않는다.

밤 12시 30분에 잠이 깨어

나는 서재실로 들어가 아무것도 하지 않고 앉아 있다.

면벽을 하고 그냥 앉아있었다.

30분 동안 고정한 상태로 정면을 향해 있다.

모든 것이 침묵에 잠긴다.

모든 것이 平和이고 至福이다.

나는 神의 世界로, 眞理의 世界로 들어선다.

가능한 한 몸을 움직이지 않으려고 애를 쓴다.

몸이 움직이지 않으면 마음 또한 자동적으로 고요해진다.

몸이 움직이면 마음 또 덩달아 움직인다.

몸과 마음은 따로 分離된 것이 아니기 때문이다.

그들은 하나이다. 하나의 Energy이다.

나의 坐禪日記

행복을 실어 오는 우체통

外出했다가 현관 안에 들어오자 가장 반가운 우편물이 보였다. 고 박사겠구나, 아니나 다를까 책 한 권이 싱글벙글 웃으며 나를 반겼다. 바다 건너 그곳, 환상의 섬 그리고 행복과 平和가 숨 쉬는 곳, 제주에서 구름을 타고 바다를 건너 온 택배를 타고 기쁜 소식이 내 손에. 7층 내 둥지에 들어서면서 나는 싱글벙글 웃었다. 아내는 고교장선생님의 편지겠군요, 미소 지으며 내 얼굴을 쳐다보고 있었다.

오늘은 기쁜 날이다. 간밤에 단비는 해갈을 내려 주었으니 얼마나 신나 춤을 추는 날인가! 내 우체통에는 항상 그리운 사람들로부터 기쁜 소식, 희망의 소식이 끊이지 않는다. 아파트 현관 입구, 행복한 집.

나는 언제나 행복을 실어 오는 우체통에 감사한다.

빈 우편함을 보면 쓸쓸해진다. Smart 시대에 낡은 우편함은 어울리지 않을지 모르나 통신 시대의 역사적, 사회적 개인적 公, 私 그리고 광고, 지라시, 학습지, 음식점 소개지, 부동산 변동 사항 등등

때로는 웃기는 소식지, 온갖 잡동사니까지 신장개업 먹거리 소개 번잡하지만 간간히 comic한 안내장은 카다시즈적인 글귀도 없지 않다. 때로 해학적인 분위기를 살짝 자아내는 지라시는 배꼽을 잡게 웃기기까지 한다. 세상은 요지경이다 하는 것이 실감나게 한다.

나쁜 소식보다는 바쁘게 사는 현대인들에게 우편함 속에 때로는 홍보물, 광고, 선전, '개를 찾습니다. '사례를 충분히 하겠습니다. ○○로 연

락 etc' 짜증날 때 그런 것들은 눈엣가시이기도 하지만 때로는 피곤한 눈을 긴장시키기도 한다.

『내일은 쾌청하다』수필집은 제목부터가 나를 신나게 해주는 보석 같은 빛을 발한다. 파도 타고 구름 타고 모두 시대를 cover하는 speed up 에서 내가 숨 쉬고 있다는 긴장도 없지 않다. 오랫동안 멋진 생각 끝에 농익은 과수원 길에서 풍겨 나온 주렁주렁 매달린 황금사과를 느끼게 한다.

그렇다. 우리는 내일이다! hope, dream을 안고 살고 있는 것이 인생이다. 天災지변 속에서도 굳건하게 살아야 순간의 운명은 다 그날, 그날의 날씨는 生命을 左右하는 영향권에 있다.

백내장 수술

계윤이가 전화를 했다. 백내장 수술을 받았다고 했다. 놀라운 것은 1分간 눈 감고 있으니까 수술이 다 끝났단다. 그는 아주 기분이 좋아서 어쩔 줄 몰라 했다.

수술이 끝나고 나니까 조금 어지럽다고 했다. 그는 수술 과정을 설명하면서 계속 기분이 좋아 들떠 있었다. '너도 해라' 무서워할 것이 없다고, 눈 깜짝할 사이에 수술을 마쳤다고 했다. 자네도 하게, 내가 옆에서 지켜 줄테니 안심하고 수술을 하라고 권했다. 옆에서 지켜 주고 자기 차로 집에 모셔다 드리겠다고, 싱글벙글 아이처럼 기분 좋아하는 모습이 전화선을 타고 내게 보이는 듯

했다.

그래 알았어, 고마워, 실로암 병원(안과전문)에서 수술치료를 받도록 마음먹었다. 신문활자가 안경 끼지 않아도 글씨가 잘 보인다고 했다. 안심하고 자네도 하라고 강조했다.

치과를 가다

하루 동안 이가 아파서 혼이 났다. 꾹꾹 참고 견디었다.

참다못해 병원에^(조치과) 갔다. 내 chart는 있었다. 오후 4시에 의사의 진료를 받았다. 의사는 친절한 것처럼 내면은 다른 병원을 추천하고 있었다.

나는 상태가 어떠냐고 물었다. 그의 대답은 이러했다. "아버님, 이가 한계상황에 와 있습니다." 그는 다른 병원^(최) 서울역 가까이 있는 병원을 소개했다. 말인즉슨, 아버님의 진료는 단순을 지나, 상당히 어려움이 수반되는 과정을 거쳐야 한다는 것이다. 나이 많은 사람의 치아를 제대로 고쳐놓는데, 시간, 고통, 의사의 인상은 老人의 치아가 만신창이 상태여서 손대기가 귀찮고 어렵다. 의료행위 거부를 변명하는 것을 직감했다.

돈을 벌어서 내부 병실도 잘 다듬어져 있었다. 3 ,4석 치료기구에 의사가 이를 다루고 있다.의료행위거부를 하는 구차한 변명을 늘어놓고 점잖게 다른 치과를 소개하고 있었다. 속으로 야속했다. 보험을 비롯 老人 치아에 전문성을 요구하는 조심스러운 상황을 변설하고 있었다. 아버님 왼쪽 위 이가 부러져 있었습니다. 지금 이 상태도 음식을 먹을 수 없다고 했다. 그리고 他병원을 소개하고 있었다.

돈도 좋지만 이런 곳에 아픈 치아치료를 실수라도 하면 도리어 마이너스(minus)가 되지 않을까. 주판을 튕기고 점잖게 거부하는 언설을 늘어놓고 있었다. 나는 결국 나와서 약방을 들러 종근당 치통약을 사 가지고 귀가했다. 곰곰이 생각

하니 괘씸했다. 돈 노리고 치료하기 골치 아픈
것은 사절하겠다는 의도가 풍기고 있었다.

　명상은 30분을 유지했다. 말이 명상이지 머리
는 복잡하게 들쑤시는 30분 앉아있기여서 생각
이 지나가고, 사념이 일어나고, 뒤죽박죽 상태가
솔직한 상황이었다. 30~40分의 고정 상태는 유
지했다. 그러나 내용을 뜯어보면 전도몽상의 생
각, 사념, 잡동사니 같은 기억 그리고 그런 편견
들이 머리 안을 들쑤셔 놓고 있었다.
　정리해 보면, 無心 상태는 이루어지지 않았
다. 30분 명상 유지가 익숙해져 가는 습관은 유
지되고 있었다. 30분가량 참아냈다는 안도감을
이루어냈다. 더 계속해야 하겠다는 것을 각오한
일이었기에 말이다. 명상의 궤도 진입이 단순하
다고 하기 쉽지 않았다. 이제 겨우 초보자의 발
걸음 한 발짝을 뗀 셈이다. 익숙할 때까지만도
쉬운 것이 아님을 깨달았다.

하던 대로 하지 않으면 뭔가 어색하고 부적응이 일어난다. 먼저 참선을 하며 마음을 고정시키려 했다. 시원스럽게 되지 않았다. 나는 다시 샤워를 하고 깨끗한 마음을 유지하려고 했다.

절차를 무시하면 부드럽게 뒤숭하게 된다는 것. 모은 일에는 순서, 방법, 실천이 필수조건이다.

훌쩍 커서 나타난 두 아이와 엄마! 아! 보고 싶었던 아이들의 얼굴, 그리고 그리운 얼굴이 의젓한 처녀와 총각으로 내 앞에 나타났던 훈, 원 그리고 며느리. 순간 아내와 나는 그들을 끌어안고 있었다.

컸구나, 컸구나. 의젓하구나. 몸도 정신도 성숙돼 더 예뻐지고 더 씩씩하게 보였다. 우리들 가슴에 뜨거운 피가 흐르고 있었다. 고등학생다운 모습을 보는 순간 다 成長했구나. 이제 안심해도 되겠구나. 믿음, 사랑, 기쁨이 넘쳐났다. 몇 년 만인가, 아마도 3, 4년 만에, 초등학교에 다니다 미국으로 건너간 그들을.

Osho Rajneesh

텅빈 하늘이 오쇼의 집이라면, 그 *存在*는 침묵이다.

그의 말은 가슴 깊은 곳을 어루만진다.

그의 노래는 텅 빈 하늘에서 우러나온다.

Osho는 말한다.

"그대 내면의 *存在*는 하늘이다.

구름이 오가고, *行星*이 태어났다 죽고,

별이 떠올랐다 사라져도 *內面*의 하늘은 *如前*하다.

그 하늘에는 어떤 흔적도 남지 않는다.

우리는 이 내면의 하늘을 *注視者*라고 부른다.

이것이 명상의 목적 전부이다."

명상 같은 시간을 더 확보하려고 당신은 농촌의 교향곡을 찾아갔다.

더 많은 사랑으로 넘치게 되고, 우아한 기품이 더해진다. 독선적인 성향이 줄어들고, 더 융

통성 있는 사람이 되기 위해서일 것이다. 더 즐겁고 쾌활해지기를 기대했고 실제 그런 속에서 utopia를 만끽하기 위한, 사랑하는 사람과 함께 영원성이라는 종교적 심성을 더욱 깊게 하려고 그곳에 스위스의 양옥집을 예술적으로 설계하여 만들었다. 헌데 그 속에 웃음, 희열의 발견에 사랑이 빠져 있음은 내 눈에 비춰 보면 아니다. 사람들을 실망시키는 요소가 들어있다면 그것은 사랑의 진리를 배신한 것이 아닐까. 진실, 사랑 너무 가까운 거리에서만 찾은 것이 아닐지?

지금 이 世上에 필요한 것은 과거로부터 전해 내려온 모든 금기들을 가슴 속에서 씻어내는 것이 아닌지. 웃음과 눈물이 그것을 해결할 것이다. 눈물은 그대 안에 쌓여 있는 비통함을 밖으로 끌어낼 것이요, 웃음은 Exstas(황홀)을 막고 있는 모든 장애물을 제거할 것이다.
大人이시여, 하나님의 아들, 예수의 제자를

사랑하신다면 人類가 장애물 같은 신선함과 용기, 아름다움을 갖게 되는 것을 아무것도 원하지 않았기 때문이라는 역설을 방편 삼는 일은 없을까? 신비의 장미를 발견할 때 당신의 存在의 完成을 발견할 수 있지 않을까.

2015.6.29.(月)

가족을 위한 기도

아들이 왔다. 그는 밝은 얼굴, 맑은 미소로 제 어미를 한참 껴안았다. 그리고 나를 다시 껴안고 미소로 아픈 곳이 없느냐고 물었다. 아들의 존재. 늙으니 자연 그에게 의지하는 요소도 부인할 수가 없다.

웃음과 기쁨과 환희 소식은 대략 졸업반의 손녀의 1학기 성적 all A+, 그리고 고3 준영의 모의고사 영어 97, 수학 95, 국어 80~90 일어 90. 나보다 잘한다고 폼 내는 친구들에게 본때를 보이고 말겠다는 각오가 적중되었다. 이제 수

175

험공부의 흥미가 바짝 불붙기 시작했다는 것이다. 영양공급자 에미는 탈진상태에서 일어와 국어 집중지도, 영어는 누나가 집중지도, 총괄 검토는 애비 몫이란다. 수험생 一人에 모두 설설 숨죽이며 집중 전력투구 상태란다. 제발 국립大에 合格하여 달라고 기도하고 있다.

나는 잠이 깨자 바로 서재실에 들어가 기도부터 했다. 부처님 天地神明이시여, 제 손자(장) 건강이 망가지지 않고 공부 열심히 해서 소망한 大學에 들어가게 해주시기를 기원했다. 기도는 산을 움직인다는 말을 그날 그대로 믿기로 했다. 지성이면 감천한다는 동양고전의 가르침도 매한가지다. 모든 종교의 가르침은 다 표현과 방법의 차이는 있으나 목표 지향은 같다. 사찰 큰스님의 法文이 생각났다. "산은 산이요, 물은 물이로다." 그분의 들려온 말 나를 만나기 원하시는 신도는 일반人 분께서는 3000번 절을 하고 오시요.

일갈은 가야산을 일깨웠다.

스님 하면 검소하고 공부하는 修行은 부처님을 방불케 했다. 부처님의 진리세계를 萬人平等한 存在임을 力說, 眞理는 하나, 기독교, 불교, 힌두교의 진리가 다르지 않다.

새벽이 밝아질 때까지 기도하겠다고 결심하고 선정의 세계로 들어갔다. 몰입과 사랑 그리고 無我無中 無心단계까지 가보자고 결심했다. 滿足한 상태는 아니나, 어제하고 다른 비중이 높은 佛心은 나를 태웠다.

분신자살, 목숨도 초개처럼 버린다는 말이 빈말이 아님을 새삼 각성을 불러일으켰다. 死卽生, 生卽死는 그냥 있는 無意味가 아니다. 그야말로 眞理가 살아 움직이는 것이 감지됨을 크게 느끼는 祈도 속으로 나를 이끌고 갔다. 해탈 지경까지 각오했으나 미흡했다. 첫술에 滿足 100%는 無理다. 새삼 느끼는 바다.

3장

2015년 7월

2015.7.4.(土)

어디서 무엇이 되어 다시 만나랴

아무것도 하지 말고 앉아라.

그대는 아무것도 하지 않고 그저 앉아있다.

모든 것이 침묵에 잠긴다.

모든 것이 平和이고 至福이다.

그대는 神의 世界로, 眞理의 世界로 들어선다.

가능한 한 몸을 움직이지 말라.

몸이 움직이지 않으면 마음 또한 自動的으로 고요해진다.

몸이 움직이면 마음도 덩달아 움직인다.

몸과 마음은 따로 分離된 것이 아니기 때문이다.

그들은 하나이다. 하나의 Energy(氣)이다.

한 시간 겨우 좌선을 마쳤다.

어디서 무엇이 되어 다시 만나랴

'저렇게 많은 중에서
별 하나가 나를 내려다본다.
이렇게 많은 사람 중에서
그 별 하나를 쳐다본다.
밤이 깊을수록
별은 밝음 속 사라지고
나는 어둠 속에 사라진다.
이것도 정다운
너 하나 나 하나는
어디서 무엇이 되어
다시 만나랴.'

한 시간가량 고정한 채 명상을 했다. 중간에
두세 번 잠깐 졸음이 와 몹시 노력했다. 아주 滿

족스럽지 않았으나, 禪의 世界에 肉박했다. 더욱
익숙할수록 노력을 중단하지 않겠다.

  "나에게는 正法의 눈이 있다. 言語를 통해 말
할 수 있는 것은 이미 그대들에게 모두 주었다.
그러나 正法의 열쇠는 이 꽃과 더불어 마하가섭
에게 주노라" 이 逸話에서 禪의 傳統이 시작되었
다. Buddha가 禪의 근원이라면 마하가섭은 첫
번째 스승이다. 地上에서 存在하는 가장 아름다
운 生動感 있는 傳統中의 하나인 선이 이야기에
서 由來했다.

손자손녀와의 만남

　손자, 손녀가 왔다. 현관에 들어서 마루에 올라오는 손자와 손녀를 껴안았다. 훈은 구리빛 색의 얼굴, 마치 인도 사람 같았다. 원은 예쁘고 지혜로운 아이였다. 제 동생과는 달리 보였다. 두 아이에게서 훈은 애기 티가 남아있고, 원은 의젓함과 넉넉함 그리고 지혜가 넘치는 아이처럼 보였다. 보기만 해도 아름답고 예뻤다.

　외가집에 머물다가 일주일 만에 할머니, 할아버지를 보러 제 에미가 데리고 왔다. 우리 저녁 식사를 함께 外食했다. 먹고 싶은 것들을 사주었다. 오누이는 한 살 터울인데 달랐다. 개성의 다름이었다. 항상 같이 못 하는 아이들이 돼 가지 않나 싶을 때가 있다. 미국 사람이 돼버리면 어쩌지 걱정했지만 에미는 철저히 korean의 후손임을 교육하고 있음을 알았다. 그들의 모국어는 유창했다. 잊어버렸을까 하는 생각은 기우였다. 다행이다.

자고 났어도 머리가 무겁고 아팠다. 아무튼 명상을 하는 동안 고정된 자세로 앉아있는 것은 세상에서 어려운 일 중에 하나다. 가성의 상태를 유지하면서, 매 순간 수용적이고 깨어 있는 의식을 유지하라는데 결코 수월치 않았다. 다 끝나고 나서 안락의자에 편안히 있을 때, 긴장이 풀리고 홀가분하게 편안함을 느끼는 순간이 실제 명상 상태보다 더 편안함을 의식하게 된다.

아무것도 하지 않고 그저 앉아있으라.
모든 것이 침묵에 잠긴다.
모든 것이 平和이고 至福이다.
그대는 神의 世界로, 眞理의 世界로 들어선다.

나의 坐禪日記

가능한 한 몸을 움직이지 말라.

몸이 움직이지 않으면 마음은 自動的으로 고요해진다.

몸이 움직이면 마음도 덩달아 움직인다.

※ 몸과 마음은 서로 分離된 것이 아니기 때문이다.

그들은 하나이다. 하나의 Energy이다.

딸에게 보내는 편지

나는 注視를 강조한다. 주시야말로 第3의 눈을 活性化시키는 첫 번째 방편이기 때문이다. 주시는 內的인 作業이기 때문이다. 內面의 눈을 여는 데 도움이 된다. 그러나 주시에 관한 한 外部의 두 눈은 無用之物이다. 두 눈은 밖을 볼 수 있을 뿐이다. 두 눈을 감고 內面을 주시하라. 이것은 그대의 內面에 보는 눈이 있다는 것을 意味한다.

그대의 思念을 보는 자는 누구인가? 分明히 얼굴에 달린 이 두 눈은 아니다. 그대 안에 들끓는 분노를 보는 者는 누구인가? 그렇게 自身의 內面을 보는 지점, 그곳을 가리켜 상징적으로 '第3의 눈'이라고 부른다.

아무것도 하지 말고 앉아라.

그대는 아무것도 하지 말고 그저 앉아있다.

모든 것이 침묵에 잠긴다.

모든 것이 平和이고 至福이다.

그대는 神의 世界로, 眞理의 世界로 들어선다. 가능한 한 몸을 움직이지 말라.

몸이 움직이지 않으면 마음 또한 自動的으로 고요해진다.

몸이 움직이면 마음도 덩달아 움직인다.

몸과 마음은 따로 分離된 것이 아니기 때문이다.

그들은 하나이다. 하나의 Energy이다.

　명상 中 코언저리에 스물스물 무언가 기어다니는 것이 있는 것 같아 손을 갖다대 보았다. 긴장은 곧 풀렸다. 다 참았던 숨을 밖으로 내뱉는 것이 시원했다. 쓰는 것도 힘들다고, 귀찮다고 느껴지는 순간, 나는 마루로 나가려다 주춤거리고, 옆에 있는 책, 사온 지 며칠 넘었는데 그냥 방치해 두었던 책 뚜껑을 열었다. 그리고 책 서론을 읽는 중 '요즘은 왜인지 자꾸 울음이 난다'는 구절에서 나도 요즘 바짝 TV나 주변의 슬픈 사연을 들으면 자꾸 눈물이 나서 보다가 끈다든가, 잠시 눈물을 닦거나, 너무 장면에 빨려들어 한참을 보다가 화장실 세면대로 달려가 흘렸던 눈물을 물로 닦아내기가 바빴다.

이어령이 딸에게 보내는 편지, '다만 이웃들이 나와 내 딸만이 아니라 이 世上의 모든 딸들까지, 딸을 잃은 모든 父, 아니 사랑하는 이를 잃은 세상 모든 이에게 바치는 글'이 되었다고 하는 말이 뭉클 내 눈에 꽂혔다. 그리고 그다음 page. '갈겨 쓴 네 생각이 난다. 해일처럼 밀려온다. 오늘은 파도가 잦아들 때까지 나는 운다.'

얼마나 후회가 되는 말인가. 이 세상 부모들, 연인들 누구나 절절한 경험을 잊지 못할 글 같았다. 살아서 못다 한 말은 또 얼마나 많을까.

결혼축가를 위하여

英得의 편지가 우편함에 있었다.

곱게 선하게 진리의 말씀을 萬人에게 messenger, 하느님의 심부름꾼이 되어 불철주야 애쓰고 있는 모습이 떠올랐다. 너는 나의 스승이며 친구다. 항상 가까이에서 복음소리를 내게 傳해주고 친구를 위해 기도하고 있음을 감지하고 있다.

너의 얼굴은 하늘을 닮고 있었다. 너는 信仰人 철저하고 돈독한 절대적 신앙에 순교자적 태도로 일관하고 있음을 증명하고 있다. 회개하고 참회하라고 간절하게 부르짖고 있는 목소리가 전 인류에게 사랑비를 내려 주시고 있는 것도,

189

쉬지 않고 기도하라는 말에 生命力이 약동하고 있다. 말 없는 말은, 깊고 깊은 조용한 호수처럼 중생에게 주님의 가르침을 쏟아붓고 있는 것도 알고 있다.

나는 명상을 마치고, 어제 쓴 시구를 다시 한 번 여기에 적는다.

축혼가

함께 있되 거리를 두라
그래서 하늘 바람이
너의 사이에서 춤추게 하라

서로 사랑하라
그러나 사랑을 구속하지 말라
그보다 너의 혼과 혼의 두 언덕 사이에
출렁이는 마음 높이 두라

서로의 잔을 채워 주되

한쪽의 한잔만을 마시지 말라

서로의 빵을 주되

한쪽의 빵만을 먹지는 말라

함께 노래하고 춤추며 즐거워하되

서로는 혼자 있게 하라

마치 현악기의 줄들이 하나의 음악을 울릴지라도

줄은 서로 혼자이듯이

서로 가슴을 주라

그러나 서로의 가슴에 묶어두지는 말라

오직 큰 生命의 손길만이

너희의 가슴을 간직할 수 있다.

함께 서 있으라

그러나 너무 가까이 서 있지는 말라

사원의 기둥들도 서로 떨어져 있고

참나무와 삼나무는 서로의 그늘 속에선 자랄 수 없다.

- 칼릴 지브릴 작, 강은교 번역

나의 坐禪日記

세상에서 제일 기쁘고 행복한 시간

이 세상에서 제일 기쁘고 행복한 시간을 가졌다.

큰아이와 손자손녀 그리고 며느리들과 함께하는 시간은 참 행복한 시간이었다. 저녁을 먹으면서 이야기꽃을 피웠고, 만찬을 끝내고 다시 집에 와 마루에 들어섰다. 신바람 나는 시간을 갖게 되었다. 화기애애한 흐름은 자연스럽게 분위기를 큰아이가 주도하면서 이루어졌다. 음악을 듣는 듯, 무용을 추듯, 생활예술의 심포니가 담겼다.

행복이란? 예술의전당에 미술관에서 몰피스니스의 작품전시가 한창이다. Modial의 말이 떠올랐다. "행복은 우울한 인간의 仙女다!" 거리의

193

버스 광고란에 붙어있는 名句인데, 빠른 감각으로 이해는 할 수 없었다. 나는 아내와 그곳을 보면서 행복의 문제에 대해 이야기를 나누면서 산책길을 걸었다. 幸福의 正義? 행복의 뜻을 아무리 해석해도 그녀의 어록을 理解불가한 것을.

장마의 시작이다. 환호와 기대가 그리고 불안과 근심이 함께 있을 것이란 예감이 흐르고 있었다. 이날도 수험을 준비하는 준영, 大 영어 teps를 치는 석영이 잠시도 짬을 낼 수 없는 팍팍한 짜임새에 기계가 된 아이들.

오늘도 수험생 준영은 논술고사를 치르는 날이었다. 석영은 teps를 대학원 준비 시험이라고 했다. 이 시험에 pass해야 서울大學院에 응시할 수 있다는 것이었다. 논리정연한 일기가 돼 있지 않았다. 그냥 뒤죽박죽이다.

오늘 새벽은 얼굴만 씻고 如來房에서 명상을 마쳤다. 큰아이의 KBS Special documentary

면접이 있을 거라는 이야기를 하고 있었다. 여기에 응하여 출연결정이 나면 Début⁽데뷔⁾에 참여하게 될 거라고 했다. 제발 그런 기회가 왔으면 바라는 바이다.

딸이 가르쳐준 그 모든 것 260page에서 발견된 것

• 오늘의 문제는 무엇인가. 싸우는 것이다.
• 내일의 문제는 무엇인가. 이기는 것이다.
• 모든 날의 문제는 무엇인가. 죽는 것이다.

빅토르 위고의 어떤 作品에서 본 글귀다.

'순간적인 죽음을 기억하라' 이것이 나의 座右銘이었다고 이어령은 告白했다. 딸의 참 비극적인 죽음에서 라틴어의 이 格言은 단 한 순간도 내 기억 속에 남지 않은 적이 없었다고. '내 딸아 죽음을 기억하라' 딸의 죽음을 보고 이 말이 하

루도 나를 흔들지 않은 적이 없었다.

죽음의 캄캄한 어둠 속에서 어둠의 눈물 한 방울은 그에게 빛과 위안이었고, 죽음을 넘어서는 가장 큰 은혜였던 것이다. 그것은 어떤 위대한 기억이나, 심오한 철학도 아니었다. 종교라고도 할 수 없는 아주 작은 사랑(love)이었던 것이다.

명상이 잘될 때는 한순간이나마 無心의 상태를 느낄 수 있는 것 같다. 생각이 지나가고, 엉뚱한 사람이 나타나고 思念이 일어나는 것은 피할 수가 없다. 그러나 두통이 없어지는 순간이 있다는 것을 감지하는 순간 무겁던 머리, 아픈 머리가 언제 그랬냐 하는 式이 나타나자, 새벽이 밝아지는 것이 아닌가, 어둠이 지나고 밝음이 나타났다. 그리고 일어날 때 몸이 뒤뚱거려 中心이 잡히지 않았다. 앉은 자리에서 다리를 쭉 뻗고 다시 동물처럼 기어 마루에 나오면 안전감을 갖게 된다.

서재에 남아 어제 읽었던 책 195page에 적혀 있는 시를 적었다.

손자에게 바치는 할아버지의 애정의 시

춘우, 향기로운 비에게

얼마나 큰 슬픔이었기에
너 지금 저 많은 빗방울이 되어
저리도 구슬피 내리는가
한강으로 흐를 만큼
그리도 못 참을 슬픔이었느냐.

창문을 닫아도 다시 걸어도
방안에 넘쳐나는 차가운 빗발
뭔가 말하고 싶어 덧문을 두드리는
둔한 목소리

그런데 이 무슨 일이냐
시든 나뭇잎들은 네 눈물로 삼아라
파란 눈을 뜨고

못생긴 들꽃들은 네 한숨으로 피어나

주체하지 못하는 즐거움으로 빛살을 짓는다.

얼마나 큰 기쁨으로 태어났으면

저리도 많은 빗방울들이

춤추는 캐스터네츠의 울림처럼

그리움에 목 타는 목을 적시고

미어지는 가슴을 다시 뛰게 하더니

어느새 황홀한 무지개도 오느냐.

향기로운 비가 내린다.

너 지금 거리에 살아있구나.

표주박으로 은하의 강물을 떠서

잘 있다 잘 산다 말하려고.

너 지금 그 많은 비가 되어

오늘 내 문지방을 적시는구나.

비야, 향기로운 비야.

나의 坐禪日記

2015.7.13.(月)

인생은 병마와의 싸움

'만성 두통과 어지러움' 내가 지금 앓고 있는 병의 종류 가운데 하나다. 이 병이 잘못되면 뇌졸중으로 쓰러져 반신불수가 된다는 것이다. '반신불수'가 된다고 하면 그것이야말로 무서운 천벌이 되고 말 것이 아닌가. 약간 무서움이 나를 엄습했다. 전문의의 정확한 진찰을 받아야겠다는 생각이 일어났다.

바짝 요새 심해지는 것 같아, 금강 아산병원을 찾았다. 그리고 피 검사와 CT촬영을 다시 시작했다. 한 끼 금식을 하고 사진촬영(영상) 전문의사의 지시를 받고 돌아왔다. 14일 오늘 오후에 의사와 상담계획을 했다.

나는 한 가지만 앓고 있지 않다. 여러 개의 병 주머니를 달고 다닌다. 老人性 질병은 물론 자질 구레한 병이 아니다. 어찌 보면 一生은 병마와 싸우다가 저승사자의 부름을 받다가 가는 존재. 이것이 我다.

신바람이 날 건덕지가 없다. 하지만 계속해서 몸이 아프면 질식하고 말 것이다. 하지만 간헐적으로 심했다 덜했다 plus minus의 가감을 하면서, 온도차를 느끼면서 그냥저냥 하루를 견디고 있는 것이 나의 현주소다. 부끄럽다, 죽고 싶다. 그런데 生命은 자기가 죽고 싶다고 생각하면 죽어지는 것인가? 아니다. 命은 하늘의 뜻과 같다. 병고로 살기 싫은 대로 나를 버리지 못하고 죽고 싶지 않은 것보다 살고 싶다가 더 강하게 요동치고 버티려고 하는 것은 본능과 生의 욕구다. 제 힘으로 죽음이 오는 것이 아닌 걸 어떻게 하나?

그렇게 어지러운 생각을 하면서 시간과 싸우는 격이다. 자살을 하는 것도 고민과 결단과 실행이 없이 되는 것이 아니다. 점점 수렁으로 빠지는 나는 우울증으로 번질 상황의식이 요동치고 있다. 그리하여 삶은 포기될 수 없어 하루를 고통과 지옥 속에서 허둥대는 panic 현상이 또아리를 치고 있어, 꼼짝달싹 못 하고 그날그날을 버텨가는 것이다. 쨍하고 해 뜰날을 조용히 기다리고 있기에 목숨을, 숨통을 잇고 있다.

불안감

자고 나왔으나 두통은 여전했다. 깨끗이 맑아 져야 할 텐데… 어제 CT 촬영 결과, 그리고 혈액 검사의 결과가 나타났다. 아무 이상이 發見되지 않았다. 老化現像에서 오는 '두통과 어지러움'으 로 判定이 났다. 2년 前과 똑같은 狀況을 發見했 다. 더 이상 미련을 두지 않겠다고 스스로 約束 과 결의를 다졌지만, 지금 당장 몸의 가늠이, 中 心이 안 잡히고 어림어림, 아찔한 상태를 일으키 는 것은 무슨 까닭일까. 잠시나마 몸을 추스르고 정신을 집중해서 한 발 한 발 움직여 나가는 데 매우 힘이 들었다. '걷지 않으면 죽는다'는 내 나 름의 信條로 30分만 산책을 했다.

더 以上 스스로를 속박하지 않아야 되겠지만, 몸의 condition은 정상적인 상황이 아니다. 조심조심 천천히 一步一步 옮기는 데 주의를 집중시켜야 했다. 천천히 걷기를 마음 다잡고 산책길을 걸었다.

나는 누구인가?

나는 누구인가? 답이 나올 때까지 물었다. 하지만 그 대답은 순간 막혔다. 누구인가? 끊임없이 되풀이했다. 속 시원한 대답이 나오지 않았다. 그냥 앉아있어라, 아무것도 하지 말고,

처음 시작 때와는 다른 것이 있었다. 하나의 생활 속에 고정된 30분은 아무것도 하지 않고 그저 坐禪하는 습관을 만들어 가고 있었다. 처음처럼 부담스럽다든가, 어떻게 견디고 버틸 수 있을까 하는 것은 기우에 불과했다. 조금씩 익숙해지는 과정이 돼 가고 있었다.

禪의 世界에로 向한 모습을 바로 세워보는 단계에 이르고 있음을 알 것 같았다. 하나의 좌표

를 向해 정신통일을 해야 하는 것이다. 수많은 思念 등 잡동사니 같은 생각, 이런저런 생각의 파편들이 단절되지 않고 이어지는 것이 장애물이다. 眞空妙有의 無心의 상태란 말처럼 생각처럼 이루어지지 않았다.

不屈의 인내로 30 分 이상을 이겨냈다는 것으로 처음에 단 5分도 앉아있기 지겹고 어려웠던 것이 조금씩 풀리기 시작했다. 坐禪의 습관이 만들어지고 있음을 감지하고, 어느 정도 자신이 붙는 느낌이 생겼다. 무엇을 얻기 위해서 하는 것이 아님을 강조하고 있는 까닭을 알 듯했다.

따라서, 坐禪의 世界에로 入場하는 과정을 이렇게 말하고 있기 때문에.

아무것도 하지 말고 그저 앉아라.
모든 것이 침묵에 잠긴다.
모든 것이 平和이고 至福이다.

나는 神의 世界로, 眞理의 世界에로 들어선다.

가능한 한 몸을 움직이지 말라.

몸이 움직이지 않으면 마음도 자동적으로 고요해진다.

몸이 움직이면 마음 또한 덩달아 움직인다.

몸과 마음은 따로 分離되어 있는 것이 아니기 때문이다.

그들은 하나이다. 그것은 하나의 Energy이다.

교보文庫에 갔다. 책 신청을 확인했다. 아직 주문한 책이 도착하지 않았다. 2~3일 되면 入荷할 것이라 한다. 박소정 담당의 말. 나는 '문예춘추'와 '世界' 그리고 'Good night kiss' 이어령 氏의 essay를 아들에게 cool summer를 맞이하라고 보냈다.

제헌절

　제헌절 아침 TV를 보고 알았다. 오늘이 제헌절, 大韓民國이 탄생한 날이라 하겠다. 나는 아내에게 물었다. 여보, 오늘 제헌절이다. TV에서 제헌절 노래를 부르고 있는 것이 눈에 띄었다.

　그러면 태극기를 달아야 하지 않을까. 경축일인데. 더욱 우리가 나라를 찾아 국민이 선택한 제헌국회에서 헌법이 만들어졌고, 그 헌법은 모범이 돼, 모든 국민은 그 헌법 정신을 준수하는 文化국민이 돼야 하는 것이다. 한마디로 국가의 기본골격은 이 헌법의 가치실현에 있다. 작은 질서부터 잘 지키는 국민이 돼야 하는 것.

아무튼 경축의 날, 태극기를 달았다. 바람에 나부끼는 국기를 바라보며 그 의미를 되새기는 것, 과연 우리 국민은 법을 준수하고 권력을 제대로 行事하고 있는가. 스스로에게 물어야 하겠다. 나라 안이 너무 혼탁하고 무질서하여 개탄이 끊이지 않고 있음에 식상하고 있다.

과연 우리는 法과 질서를 잘 준수하지 못하고 있음에 문제 제기를 할 수 없다. 자유, 平和, 질서, 국권 지키기 없이 나라라고 할 수 없다. 국민도 권리와 영토와 주권 행사를 제대로 하지 못하면 우리 자신에게 실망하고 있는데 보다 적극 대처해 나가야 했다. 기본적인 질서 지키기가 더욱 강화돼야 한다. 국민통합을 간절히 바라고 있으면서 그것을 제대로 이루지 못하고 지리멸렬 모두가 강 건너 불구경 하듯 하고 있는 나 자신의 자화상이라 하겠다.

잠자리에 든다. 전화가 울렸다. 妹弟가 作故

했다는 소식이 울산의 막내로부터 왔다. 그는 植物人間으로 몇 해를 고생하다 저세상으로 떠났다. 人命在天인 것, 그의 生涯도 바라는 대로 이루지 못했다. 本人은 역술인임을 자랑하고 있었으나, 마음속으로 그를 수용하지 못했다. 그는 서울 목동 이대병원 장례식장에 안치되어 있다. 18일 土, 울산 동생이 상경하면 우리집 큰아이와 함께 장례식장에 가기로 결정했다. 평소 부처님의 정신을 간직하고 있었다고 하니 그의 극락왕생을 축원해야 하겠다.

모든 것이 침묵에 잠긴다.
모든 것이 平和이고 至福이다.
나는 神의 世界로, 眞理의 世界에로 들어선다.
가능한 한 몸을 움직이지 말고 30분 이상 고정된 자세로 명상을 시작했다.
몸이 움직이지 않으면 마음 또한 自動的으로 고요해진다.

몸이 움직이면 마음도 덩달아 움직인다.
몸과 마음은 따로 分離되지 않기 때문이다.
그들은 하나이다. 하나의 Energy이다.

　이렇게 시작되는 명상의 start up을 시작한
지 한 달이 넘었다. 날마다 한 번씩 새벽에 잠이
깨면 이 명상의 世界로 나를 이끌어가고 있다.
과연 내가 하고 있는 것이 제대로 된 禪의 웃음
을 발견하는 가장 거룩하고 아름다운 세계로 나
자신을 끌고 갈 것인지 그 참맛을 느끼려면 더욱
修行 정진하는 것밖에 없겠다. 남을 위해 기도하
는 마음, 利他정신을 먼저 앞세워 나가는 사회질
서 遵守해 나가야 하거늘, 몸과 마음은 정성을
다하여 전진에 後退나 잔꾀는 용납되지 않는다.
　어느 날인가, 부처님이 말씀하신 '나에게는 正
法의 눈이 있다. 이제 나는 이 正法의 열쇠를 마
하가섭에 전한다.'고 했다. 그리하여 부처님께
이어받은 이 正法이란 침묵과 웃음, 여기서부

터 禪 의 傳統이 이루어졌다. 그 後 祖師가 나
왔다. 그리고 일곱 번째 조사가 다르마인데, 그
는 열쇠의 안쪽 부분은 침묵이고, 바깥쪽 부분은
즐거움과 웃음이라고 말했다. 넘쳐나는 침묵은
웃음이 된다. 호수처럼 불어난 침묵은 사방으로
넘치기 시작한다. 침묵이 즐거움의 축제로 피어
나서 비로서 깨달음이 完벽하다고 말할 수 있다.
따라서 내가 存在할 수 있는 기회, 명상할 수 있
는 기회, 침묵할 수 있는 기회, 웃을 수 있는 기
회, 선사는 存在界 全體에 대해 깊은 감사를 표
해야 한다고 한다.

김종래 장례식에 다녀오다

　김종래 장례식에 다녀왔다. 故人은 기독교式 장례式을 했다. 佛敎信仰에 가까웠던 그는 죽어서 하나님 품으로 돌아갔다. 기독교로 향한 동기는 딸과 그의 남편이 교회에 다니고 있었던 것이다. 그 영향으로 하늘나라로 故人을 보냈다.

　장례式 분위기는 엄숙했다. 국화꽃으로 에워싼 영정 앞에 조문객은 꽃으로 禮를 표했다. 죽은 者는 말이 없다. 산 자들이 그가 하늘의 품에 안길 것을 저마다 빌고 빌었다. 입관식에는 不參했다. 나는 아들을 데리고 갔었다. 소원했던 고모와 대호 그리고 희, 그리고 며늘아이, 사위 결혼식에서 본 기억밖에 없는데 장례식 현장에서

아주 친밀감이 솟아났다. 아주 반가운 사람을 만
난 느낌이 달아올랐다. 친밀은 어떤 行爲를 通해
서 소통이 넓어지는 것이었다. 故人을 보내는 사
람들이 하나둘씩 2, 3, 4, 5 계속 들이닥치고 있
었다.

집에 와서 저녁을 먹고 아들과 헤어졌다. 영
정은 平安한 얼굴을 하고 있었다. Happy의 절
정, 그것은 죽음과 함께 하늘 얼굴을 하고 있기
에 죽음은 모든 人間의 마지막 길도 저토록 平和
스럽고 고요한 침묵을 갖고 하늘로 귀향하는 것
이었다. 生死의 終末은 모두가 平等하고 平和롭
고 순수해졌다. 순백의 웃음이나 기쁨은 남은 사
람들에게 傳하고 故人을 떠났다. 그는 영원의 世
界에서 영원히 살기를 모두가 보고 있었다. 死者
는 말이 없으나 生者에게 많은 유언을 기쁨으로
和答했다.

마음의 속임수

아무것도 하지 말고 앉아라.

그대는 아무것도 하지 않고 앉아있다.

모든 것이 침묵에 잠긴다.

모든 것이 平和이고 至福이다.

그대는 神의 世界로, 眞理의 世界로 들어선다.

가능한 한 몸을 움직이지 말라.

몸이 움직이지 않으면 마음 또한 自動的으로 고요해진다.

몸이 움직이면 마음도 덩달아 움직인다.

몸과 마음은 따로 分離된 것이 아니기 때문이다.

그들은 하나이다. 하나의 Energy이다.

禪客들은 아무것도 하지 말고 그저 앉으라고 말한다. 그것은 世上에서 제일 어려운 것이다. 그러나 일단 이 기술을 알게 되면, 하루에 몇 시간씩 아무 일도 하지 않고 앉아있기를 몇 달 동안 계속하면, 많은 變化가 일어날 것이다. 처음에는 졸음이 오고 꿈결처럼 아슬하게,

① 여러 생각들이 지나갈 것이다.
② 수많은 思念들이 일어날 것이다.

마음은 이렇게 말할 것이다. "너는 왜 시간을 낭비하고 있지? 이 시간에 돈을 벌 수도 있는데, 그게 아니면 극장에 가서 영화를 보거나 친구들을 만나 잡담을 나눌 수도 있다. TV를 보거나 라디오를 들을 수도 있다. 아니면 신문을 볼 수도 있다. 그런데 너는 왜 쓸데없이 시간을 낭비하고 사는 것이지?" 마음은 主張을 펼칠 것이다. 그러나 그 주장에 현혹되지 않고 즐기며 계속하면…

마음은 온갖 속임수를 쓸 것이다.

　오늘은 비교적 상쾌하게 명상을 끝냈다. 기분이 좋았다. 두통도 어지러움도 없었다. 처음에는 다소 어려웠지만 며칠 지나니 즐거운 경험이 된 것이다. 겹겹이 쌓여 있던 마음의 여러 층이 서서히 벗겨져 나가는 것을 느낄 것이다. 어느 때가 되면 無心의 상태로 存在하게 되는 순간이 온다.

　　　　　　　　　　　나의 坐禪日記

용서는 가장 큰 수행

佛界에 있는 뭇 별들 어찌 헤아릴 수 있으랴. 宇宙란 하늘, 허공, 天, 神, 仏을 아우르는 風 모든 것들을 망라한다. 밤하늘에 깨알처럼, 모래알처럼 박혀있는 저 찬란함은 神聖했다. 우리의 言語로 설명될 수 없는 세계가 곧 宇宙이다. 그런데 부처님은 그 장엄한 世界를 仏眼을 通해서 보고 알았다. 그 장엄한 世界, 世相을 처음으로 증명할 수도 설명할 수도 없는 '텅 빈 충만'(空)으로 命名했다. 그 하나하나의 별의 存在는 生命體를 지닌 하나의 Energy이다. 이것을 부처님께서 (석존) 명상, 즉 禪의 世界에서 깨달아 알았다. 이것을 우리는 仏眼이라고 한다.

217

그 仏眠의 世界란 cyber 시대에 사는 우리 人間의 과학의 '자'로서도 헤아릴 수 없는 것이다. 신비의 宇宙, 우주의 수수께끼, 不可思議한 삼라만상의 現像(相)이 存在하고 있음에 감사해야 한다고 하는 진리의 말씀이 다시 말해 부처님의 가르침이다. 이 世上에 그보다 더 위대한 것을 우리는 더 이상 깨달음이 아니고서는 그러한 存在界에 의미부여를 할 수가 없다. 人間이 떠드는 왈가왈부 논리도 그것을 증명할 수가 없다. 석존도 제자의 물음 중 11가지 대답을 회피했다. 왜 그랬을까. 修行에 도움이 되지 않는다는 이유였다.

손을 뻗어도 다가오지 않는 동기. 나는 당신의 편지를 받고 몇 날 며칠을 울었고 내 生涯 이토록 슬픔을 먹은 날이 없었습니다. 울고 울어도 자꾸만 나오는 오열. 아, 나는 당신에게 씻을 수 없는 죄의식 속에 통곡의 강물을 삼켜야 했습니다. 기본 예의도 모르는 내 人生이 너무나 한심스러

없습니다. 이러고도 83까지 命을 가지고 살아있는 내게 깨달음을 주셨으니 그저 감사할 따름입니다.

용서는 가장 큰 수행이라고 생각하면 나는 새벽에 일어나 명상 속에서 용서를 받아야만 내가 마음이 편안한 Healing을 얻을 수 있다고 생각한다. 부처님 앞에 머리 숙이고 수십 번, 수백 번 용서해달라고 빌고 또 빌었다. 하지만 당사자가 용서해 주지 않으면 그 병을 치유할 수가 없다. 용서 받을 때까지 나는 오늘 그리고 내일 그가 다가오는 날 당신의 답이 있을 때까지 눈물을 흘리면서 빌겠다. '生, 死不二' 당신이 내게 가르쳐 준 生涯의 선물이었다.

生도 찰나의 모습이요
死도 찰나에 있음이리

깨침은 人間이 참 人間으로 바뀌어지는, 다시 말해 다시 태어남을 잇는 Energy라고 생각합니다. 용서는 자비요, 사랑임을 경전에서는 말하고 있습니다.

The Wisdom of forgiveness

만일 나를 고통스럽게 만들고 상처를 준 사람에게
미움이나 나쁜 감정을 키워 나간다면,
내 자신의 마음의 평화만 깨어질 뿐이다.
하여간 내가 그를 용서한다면,
내 모습을 그 즉시 平和를 되찾은 것이다.
용서해야만 진정으로 행복할 수 있다.

－달라이 라마

며칠 전 대중가요 작사, 작곡가, 음악가 윤상이 말하기를 능욕을 당하더라도 나는 웃고, 웃고 또 기쁨으로 和答하리라! 이것이 예술혼이라고 하더이다. 예술이 人間에게 기쁨을 줄 수 없는 것이라면 人生의 사막으로 초토化 되고 말 것이다. 고달픈 삶에 새로운 향기를 쏟아 부어 넣어주는 환희의 世界로 향하는 끊임없는 출구, 궁극에는 낙원이 있다.

　구름을 보면서 나는 빨갛게 물든 자리, 두 마리의 학, 그리고 두 나라의 경축의 국기. 뻗으면 손이 닿건만 주저하고 있지 않는가. 무성한 여름은 빨간 잠자리가 공중을 날다가 내 모자 위에 잠깐 앉았다 저 멀리 날아간다. 당신이 웃고 서 있는 자리가 환한 금빛으로 비추고 있다.

2015.7.26.(日)

사랑하는 것은 사랑을 받는 것보다

행복하다

아무것도 하지 말고 그저 앉아있으라.

모든 것이 침묵에 잠긴다.

모든 것이 平和이고 至福이다.

그대는 神의 世界로, 眞理의 世界로 들어선다.

가능한 限 몸을 움직이지 말라.

몸이 움직이지 않으면 마음 또한 自動的으로

고요해진다.

몸이 움직이면 마음도 덩달아 움직인다.

몸과 마음은 따로 分離된 것이 아니기 때문이다.

그들은 하나이다. 하나의 Energy이다.

나의 坐禪日記

겹겹이 쌓여있던 마음의 여러 층이 서서히 벗겨져 나가는 것을 느끼게 될 것이다. 그리고 어느 때가 되면 無心의 狀態로 存在하게 되는 순간이 온다. 앉아있는 동안, 아무것도 선택하지 않는 가정의 상태를 유지하라. 특별히 어떤 것에도 관심을 집중시키지 말고, 매 순간 수용적이고 깨어 있는 의식을 유지하라.

Buddha가 손짓으로 그를 불러 꽃을 건네주고 대중에게 이렇게 말했다. "나에게는 正法의 눈이 있다. 言語를 通해 말할 수 있는 것은 이미 그대들에게 말해 주었다. 하지만 正法의 열쇠를 이 꽃과 더불어 마하가섭에게 주노라" Buddha가 禪의 根源이라면 마하가섭은 첫 번째 스승이었다. 地上에 存在하는 가장 아름답고 生動感 있는 傳統 中의 하나의 禪이 이 이야기에서 由來했다.

행길을 향한 문으로 숱한 사람들이
제각기 한 가지씩 생각에 붇한 얼굴로 와선

총총히 우표를 사고 전보지를 받고
먼 고향으로 또는 그리운 사람에게로
슬프고 즐겁고 다정한 사연들을 보내나니

세상의 고달픈 바람결에 시달리고 나부끼어
더욱더 의지 삼고 피어 헝클어진 인정의 꽃밭에서
너와 나의 애틋한 연분도
한 방울 변변한 진홍빛 양귀비일지도 모른다.

사랑하는 것은
사랑을 받느니보다 幸福하나니라.
오늘도 나는 너에게 편지를 쓰나니

그리운 이여 그러면 안녕!
설령 이것이 이 세상 마지막 연사가 될지라도
사랑하였으므로 나는 진정 幸福하였네라(1953年)

누군가를 기다릴 수 있는 게 幸福이란다.

저의 잘못을 용서하여 주소서

오늘 형을 만나기까지 나의 고통과 슬픔은 하루도 숨쉬기조차 마음이 편안치 않았습니다. 고통의 학교에서 죄악과 실수로 인한 나의 小兒? 病的인 欠禮가 형의 가슴에 비수를 찌른 트라우마를 만들고 말았군요. 人生은 날마다 거듭 태어나는 것이 生의 본질로 東西洋 先知者들의 慧眼이고 깨달음이었다고 저는 결론짓고 있습니다. 형과의 인연을 하늘의 섭리로 알고, 세상을 살아가는 삶의 지혜는 새로운 삶의 진리를 살도록 끊임없이 動機를 부여하는 것이라고 여겨왔습니다. 역동적인 삶의 의지를, 큰 잘못을 용서해 주소서. 저의 小兒病的인 어리석음이 형을 아프게 했나 봅니다.

형의 은혜주심에 감사하는 만큼 잊지 않겠습니다. 항상 감사하고 있습니다. 형과 저의 無明, 無知 欠禮가 "하늘을 우러러 한 점 부끄럼 없기를…"

윤동주의 서시는 영혼을 울리는 詩. 읽고 읽고 또 읽고 되풀이해도 골백번 반복해도 인간의 마음, 아니 가슴속 깊이, 人間의 맨 밑바닥에 있는 의식 속에 잠재된 탐욕, 번뇌, 고통으로부터 시달릴 때 그 원초적 괴로움을 떨쳐버릴 수 없는 것이 인간의 감성, 지성, 그리고 영조차 아우르는 말 한마디, 한마디는 人間의 심금을 울리는 마지막 자유의 순수한 호소력 發心이 아니고 무엇인가. 언어를 초월하는 시인의 고뇌가 조성화돼 주도化된 보석이 아니고 무엇인가. 교육받은 사람이라면 그 누가 이 영혼의 맑음에 수희심을 느끼지 않겠는가.

괴롭고 고통스러울 때 우리는 목놓아 울고 싶다. 통곡의 강이 되고 만다. But 그 강은 고여있지 않고 진혼 속에 잠긴다. 읽으면 읽을수록 새롭게 태어나는 깨침의 소리는 온누리에 장엄하게 퍼져나가게 된다. 이것이 시의 위대성이다. 超越의 世界로 퍼져나가는 장엄함의 울림이 시대를 세대를 뛰어넘는 지혜의 빛으로 퍼져나간다. 독자여! 이 시혼이 살아 움직이는 社會를 만들자.

미안합니다. 감사합니다. 존경하고 있습니다. 은혜 주심에 이승에서만이 아니다. 바로 이 시구로 밤을 지새우면서 울고 또 울었습니다. 저승까지도 우리의 인연될 것을 나의 고통의 학교에서 나는 이 죗값을 치르기 위해 형을 만나는 순간까지도 나는 내가 저지른 죄의 굴레에서 참회와 회한 그리고 우정이 달아날 것 같아 울음을 멈출 수가 없었습니다. 나는 형의 그 고결한 삶의 인격자를 만나게 해준 神에게 감사드리고 있습니다. 헤아려 주시기를 거듭거듭 빕니다.

어떤 굴욕과 능멸이 나를 옥죄여도, 나는 기쁨의 웃음을 잃지 않을거에요.

형의 맑고 슬기로운 영혼은 지금 이 순간까지 우제를 가르치는 스승이었습니다.

그대는 앎(知)의 根源을 간직하고 있으면서도 계속 질문은 던지고 있다. 그대는 모든 것을 아는 自我를 지니고 있으면서도 自身을 無知하다고 생각한다. 그대는 내면에 不死의 世界를 지니고 있으면서 죽음과 질병을 무서워한다. 이것은 정말이지 웃기는 이야기다. 마하가섭이 웃음을 터뜨린 것은 당연한 일이다.

〈침묵이 웃고 있었다. 침묵이 웃음의 꽃으로 활짝 피어난 것이다.〉

沈黙이 웃고 있었다.

침묵이 즐거움의 축제로 피어나야만 비로서 깨달음이 完벽하다고 말할 수 있다. 따라서 나는 명상 후에 즐거움의 축제를 벌일 것을 강조한다.

침묵한 다음에는 그것을 즐기고 감사해야 한다.

① 그대가 存在할 수 있는 기회

② 그대가 명상할 수 있는 기회

③ 그대가 침묵할 수 있는 기회

④ 그대가 웃을 수 있는 기회를 선사한 存在 界 全體에 대해 깊은 감사를 표해야 한다.

그대는 아무것도 하지 않고 그저 앉아있다.

모든 것이 침묵에 잠긴다.

모든 것이 平和이고 至福이다.

그대는 神의 世界로, 眞理의 世界로 들어선다.

가능한 한 몸을 움직이지 말라,

몸이 움직이지 않으면 마음 또한 自動的으로 고요해 진다.

몸이 움직이면 마음도 덩달아 움직인다.

몸과 마음은 따로 分離된 것이 아니기 때문이다.
그들은 하나이다. 하나의 Energy이다.

2015.7.31.(金)

내가 바뀌어야
세상을 바꿀 수 있다

'메르스'로 중단된 師友會 山行은 한 달 만에
다시 서울大공원에 모였다. 32℃ 찜통날씨를 알
면서도 우리는 호수를 목표지로 삼고 걸었다. 걸
으면 살고 누우면 죽는다는 어느 책의 제목이 생
각났다. 참석은 仁浩, 남정길 교수, 유중래, 김
광기, 송상범, 전동기, 나였다. '메르스' 공포로
부터 安全과 生命을 지켰다. 무척 반가웠다. 우
리는 천천히 이야기를 나누며 호숫가를 걸었다.

대공원 入口에서 작은 구릉을 끼고 돌면 호수
를 만나고, 언덕길에는 드문드문 Bench가 설치
되어 있다. 그 모퉁이 길을 지나며 발견한 곳은 松

湖亭(8각정)이였다. 옛 조상들의 정취를 담뿍 담을
수 있는 운치가 넘치는 숲속의 속삭임과 背山水
前에서 호수를 바라보는 멀리 산 능선을 보는 풍
광은 우리들에게는 오아시스였다. 때 이른 뙤약
볕을 피해 우리는 정자에 올라갔다. 우리는 이야
기꽃을 피웠다. 깊은 숲은 아니어도 黃金赤松과
산풀 산꽃 크고 작은 나무들은 호수를 바라보고
있는 나그네의 시름을 잠시 잊게 하기에 적합한 곳
이었다. 걷다가 쉬어가는 나그네의 쉼터 풍류가
입에서 절로 나올 판이다.

　우리는 귀가 중 사당의 단골 돌솥밥집에 들
러 음식을 먹었다. 먹고 나서 仁谷은 갑자기 현
기증이 일어나 빈 대기실에서 눕게 되었다. 모두
가 걱정됐다. 10분 쉬었다가 일어났다. 이제 80
2~3 고개를 넘는 늙음의 건강 바로미터가 다 함
께 근심 어린 우리의 모습을 재발견하는 순간이
었다. 겉으로는 멀쩡하지만 안으로는 부서지는

파도가 차례를 기다리고 있었다. 老人 건강은 자고 나야 안녕함을 미루어 짐작한다. 조심조심 천천히 人生을 관조하며 추억을 위안 삼을 수밖에 없는 시간과 우리는 혈투하는 매일이라 해도 틀린 말이 아닌 것 같았다.

4장

2015년 8월

반야심경의 구조

반야심경의 經文에 구조를 이해하는 것이 도움이 된다고.

첫 번째 다원 body(physical) → 두 번 心理 신체 psycho-somatic → 3배 psychologic 심리학적 사원 네번째 psycho-spiritual → 5번째 사원 spiritual 영적 사원, 6번째 사원 아즈나 차크라 영성 초월의 사원 → 그리고 7번째 사원 中의 사원 초월의 寺院이다.

이 반야심경은 이 7번째 寺院에 해당한다. 이 經典은 7번째 寺院에 든다. 超越的이고 絶對的인 境地에 오른 자의 宣言이다. 이것이 프라즈나

파라미타(prajna paramita)라는 산스크리트 語(語)의 意味이다. 即 般若波羅密多는 超越의 世界에 대한 智慧의 경지로부터 온 지혜(밝다)

죽음 속으로 들어가라

삶은 죽음을 向해 가는 巡禮旅行이다.

生命이 始作되는 순간부터 죽음이 다가오고 있다.

태어나는 순간부터 죽음은 이미 그대를 向해 다
가오기 始作했다.

그대는 죽음을 向해 움직이기 始作했다.

人間의 마음이 부닥친 가장 큰 재앙은 죽음에 反
對하는 것이다.

죽음에 反對함으로써 그대는 가장 큰 神祕를 놓
친다.

죽음에 反對하는 것은 또한

그대가 삶 自體를 놓치고 있다는 것을 의미한다.

죽음과 삶은 서로 깊이 연루되어 있기 때문이다.

삶과 죽음은 별개의 것이 아니다.

삶이 하나의 成長이라면,

죽음은 그 成長의 꽃이 피어나는 것이다.

여행과 목적지가 다르지 않다.

여행 자체가 목적이다.

教師가 존경받지 못하는 나라

아무것도 하지 말고 앉아라.

그대는 아무것도 하지 말고 그저 앉아있다.

모든 것이 침묵에 잠긴다.

모든 것이 平和이고 至福이다.

그대는 神의 世界로, 眞理의 世界로 들어선다.

가능한 한 몸을 움직이지 말라.

몸이 움직이지 않으면 마음 또한 自動的으로 고요해진다.

몸이 움직이면 마음도 덩달아 움직인다.

몸과 마음은 따로 分離된 것이 아니기 때문이다.

그들은 하나이다. 하나의 에너지이다.

'저렇게 많은 별들 중에서

별 하나가 나를 내려다본다.

이렇게 많은 사람 중에서

그 별 하나를 쳐다본다.

밤이 깊을수록

별은 밝음 속에 사라지고

나는 어둠 속에 사라진다.

이렇게 정다운

너 하나 나 하나는

어디서 무엇이 되어

다시 만나랴'

　거의 30年前, 내가 캠브리지 大學에 있을 때, 이웃에 살고 있던 영국 신사에게서 「이 나라에서는, 초등학교 선생은 거의 여자다」고 하는 말을 들었다. 教師는 박봉이어서 家族을 먹여 살릴 수 없다는 理由라고 했다. 「그런 대접 받고서야 학생들로부터 尊敬받지 못할 것이 아닌가」고 말하니까, 그렇다고 했다. 나는 「그래서는, 당신 나라는 얼마 동안 대접받지 못할 것이다」고 斷言했다.

이 豫想은 的中했다. 국민의 거의 3分의 1은 두 자리 더하기, 빼기가 안 될 만큼, 지금의 영국은 기초학력이 낮다. 日本과 달라서, 一部 優秀한 Elite가 버티고 있기에, 如何튼 나라가 維持돼 가는 모양새다.

敎師가 尊敬받지 못하는 나라에 未來는 없다. 그 당시는 또, 日本의 敎師도 多少는 尊敬 받았기에, 그렇게 말해도 뽐낼 수도 있었다. 그렇지만, 狀況은 完全히 바뀌고 말았다. 지금이야 日本의 敎師는, 학생과 친구 같은 關係를 만들어 갈 수 있게 되면 「敎師의 거울」이라고 불리는 것 같다.

日本에서 學校先生이 尊敬받지 못했던 원인을 찾아보면, 戰後 GHQ 體制(美軍體制)에 부딪혔다. 戰前의 思考方式이 全面否定된 結果, 徐徐

히 日本의 좋은 *傳統*마저 잃어가고 있었다. 그렇게 *敎師*와 학생은 *平等*, *父母*와 아이들도 *平等*이라는 "人間 모두 平等"이라는 *思考方式*이 널리 펼쳐졌다. *先生*이 스승이 되지 못한 채 존경조차 받지 못했던 시기에 "아동中心主義"가 日本을 휩쓸게 되었다.

「아이들을 힘들게 하지 않기 위해서」라는 *發想*은, 여유*敎育*(풍요)에서 결정적이 된다. *敎育*이라 하는 것은, 아동中心을 생각해서는 성립될 턱이 없다. 어른이 아이의 *20年後*, *30年後*를 생각해서, 가장 *良質*의 *敎育*을 해주는 것이 *本來*의 모습이다. 국어나 산수라는 기술*字力*의 습득을 철저히 시켜, *卑怯*(비겁)한 일은 안 된다는 *重要*한 마음가짐은, 때로 아이들을 끌어서라도 가르치지 않아서는 안 된다.

나는 *昭和20年代*에 초등학교에 들어갔으나, 당시는 아직 *陸軍*에서 전역한 *先生*이 있었다. 약한 자를 왕따시키는 일을 하면 당연하게 매를 맞기도 했다. 아이들 편에서도 잘못이라는 것을 알고 覺悟를 하거나, 얻어맞은 아이 부모는 教師에게 「걱정끼쳐 드려서」라고 사죄하러 학교를 찾아갔다.

　내가 한때 지낸 長野에서는, 제일 優秀한 사람이 教師가 되었다. 그 아이들은 「아빠는 先生이다」고 자랑했다. 神처럼 尊敬받기 때문에, 先生 편에서도 聖職者라는 自覺이 있었던 것이다. 戰後, 教師는 성직에서 보통(그냥) 「勞動者」가 되어, 質도 눈에 띌 정도로 떨어졌다. 아빠의 길도 똑같았기 때문에, 아이를 때리기라도 하게 되면, 예사로 호통치듯 교육위원회에다 호소하기까지 되었다. 勿論, 지금도 좋은 先生은 많을 것이다. 하지만, 더는 教師 個人의 힘으로 바꿀 수 있는 狀態는 아니다. 政治家는 과거에 몇 가지 교육改革을 行했으나, 成果는 거의 볼 수 없었다.

교육문제는 本來, 政治家가 다루어야 할 것은 아니다. 安倍政權이 진행하고 있는 교육政策도, 차기 내각이 내세우는 政策도, 지금까지의 내각의 교육政策과 똑같이, 아마 失敗할 것이다. 교육政策에는, 卓越한 世界觀(관), 人間관, 歷史관에 더(加)하여, 論理와 情緒의 兩方이 이해할 수 있는 理系文系에 걸치는 敎養, 日本과 世界를 알고 있어야 하는 것 등이 必要하기 때문이다. 진정한 좋은 敎師, 尊敬받는 先生, 인격의 하사품이며, 敎育法이나 敎育哲學도 아무리 공부해도, 좋은 先生이 된다는 보장은 없다. 敎育에 대해서 전문과목을 이수하는 것과도 관계가 없다. 현재의 敎育면허제도는 도리어, 人間味 있는, 尊敬될 수 있는 先生이 나오지 않는 system이라고 해도 괜찮다.

국가 정치는 국민에서 決定되고, 국민은 一人
一人의 人間으로써 決定되며, 人間은 敎育에서
決定된다.

　　　　　　　　　　　　　　　　- 일본학자의 글 인용

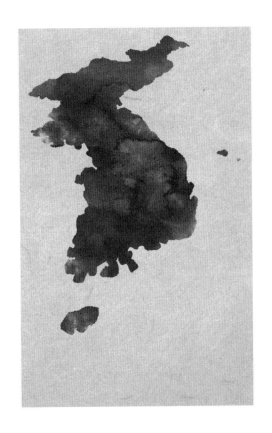

　　　　　　　　　　　나의 坐禪日記

大道無門

가슴을 열어라.

가슴은 문 없는 문이다. 그 문은 實體로 向한다.

머리에서 가슴으로 이동하라.

우리 모두는 머리에 매달려 살아간다.

우리가 처해 있는 단 하나의 문제 狀況이 이것이다.

그러나 단 하나의 해결책이 있다.

머리에서 가슴으로 내려오는 것이다.

문제는 머리에 依해 만들어진 것이다.

머리에서 가슴으로 옮겨 가면 모든 것이 分明해진다.

그대는 지금까지 끊임없이 스스로

문제를 만들어 왔다는 것을 알고는 경악을 금치

못할 것이다.

그땐 신비는 남지만 문제는 사라진다.

그대 주변에 신비가 가득하지만 문제는 증발한다.

신비는 아름다운 것이다.

신비는 해결해야 할 문제가 아니라

삶에서 누리고 살아가야 하는 것이다.

아무것도 하지 말고 앉아라.

그대는 아무것도 하지 않고 그저 앉아있다.

모든 것이 침묵에 잠긴다.

모든 것이 平和이고 至福이다.

그대는 神의 世界로, 眞理의 世界로 들어선다.

가능한 한 몸을 움직이지 말라.

몸이 움직이지 않으면 마음 또한 자동적으로 고
요해진다.

몸이 움직이면 마음도 덩달아 움직인다.

몸과 마음은 따로 分離된 것이 아니기 때문이다.

그들은 하나이다. 하나의 Energy이다.

눈을 뜬 것은 소변 때문이다. 시계는 1시를 가리키고 있었다. 명상실로 들어갔다. 정자세를 취하려고 했다. 不安定하고 머리도 멍멍하고 잠이 완전히 깬 상태가 아니었다. 다시 마루로 나와 자신과의 약속. 3시 기상인데 너무 빠르다. 안락의자에 앉아서 편안한 자세로 생각을 모았다. 뭔가 개운치 않았다. 잠을 청했다. 얼마 동안 편안한 느낌이 들지 않았다. 잠이 오도록 하기 위해 '나무아미타불'을 계속 눈감고 암송을 했다. 제법 시간이 흘렀지만 편안함이 없었다.

몸을 추슬러 샤워실로 들어가 매일처럼 습관대로 순서를 지켰다. 이를 닦고 몸을 씻고 나와 Nude 상태로 마루를 오갔다. 經行을 하면서 말이다. 베란다가 밝게 비쳤다. 창문 밖에 나갔다. 밤하늘을 보았다. 앞 건물 위로 달이 떠 있었다. 달의 빛이 베란다를 비추고 있었음을 알았다. 잠시 밝은 달을 보고 있는데 구름이 지나가고 푸른 하늘로 벗겨지고 있었다.

평소대로 명상실은 너무 더웠다. 밀폐된 공간이 싫었다. 작은아이가 쓰던 방으로 옮겨갔다. 문을 열고 방석을 깔고 선 자세를 取했다. 두통은 가라앉지 않았다. 명상으로 들면서 두통은 가라앉았다. 바람도 스쳐갔다. 스스로 만들었던 약속시간과 如來방을 이동해서 했지만 다소 滿足스러웠다. 정신이 맑아졌고 잡념도 많이 사라진 상태를 유지했다. 고정된 30分을 지켰다. 다리를 쭉 뻗고 손발을 움직여 긴장으로부터 해방감을 맞았고 스스로의 약속지킴과 rule을 지켜가기로 다시 결심해 본다. '좌선'편을 열고 책을 읽었다.

소리 없는 소리를 들어라

귀의 Energy와 관련된 방편들은 여성처럼 受容的인 명상法이다. 그대는 단지 귀 기울여 들린다. 그대는 모든 앎의 根源을 간직하고 있으면서도 계속 질문을 던지고 있다. 그대는 모든 것을 아는 自我를 지니고 있으면서도 自身을 無知하다고 생각한다. 그대는 내면에 不死의 世界를 지니고 있으면서도 죽음과 질병을 무서워한다. 이것은 정말이지 웃기는 이야기이다. 마하가섭이 웃음을 터뜨린 것은 당연한 일이다.

역시 몸을 움직여 몸을 씻고 마음을 가다듬어 如來房에 들어가 방석에 앉아 자세를 取하고, 벽을 向해 눈을 지그시 감고 반쯤 뜬 눈을 벽과 벽 너머에 고정하며 광대무변의 공간까지도 침묵 속에 잠긴다. 꼬리를 잇는 여러 思念들, 지나가는 생각들을 切斷(절단)하고 그저 앞을 向해 仏의 世界로.

마치 부처님께서 깊이 해탈 三昧境에 들어가신 모습을 생각하면서 그냥 앉아있을 뿐이다. 긴장을 풀고, 끈기 있게 지칠 줄 모르는 인내로 30분 목표를 달성키 위해, 가능한 한 숨소리조차 의식 못 한 채, 부처님이 침묵하시고 니르바나의 世界에서, 天下周遊 속에서 무릉도원을 산책하시는 궁극의 영혼산책을 하시는 것처럼 말이다.

無心 狀態(태)를 창조해 내시고 침묵하는 禪은 기쁨만이 있고, 나도 없는 無爲自然의 멋진 삶의 향연 속에서 환희와 기쁨만이 남는 그 오묘한 世界는 宇宙와 하나가 되는 것이었다. 여기에 들어서면 고통도 번뇌도 말끔히 없어지는 경지가 열린다. 오늘의 좌선에 滿足 희열은 웃음과 노래와 춤이 덩달아 추어지는 것이었다.

나의 坐禪日記

두통 상태에서 출발하여 머리가 아프지 않고 마음이 平和로움을 느끼고 긴장에서 해방된 느낌. 이 상태의 유지가 더없이 幸福했다. 滿足스런(텅 빈 충실) 空의 世界에서 周遊天下하는 武陵桃源은 순간이었지만 깨끗한 머리 깨끗한 기분, 깨끗한 마음의 感知 그 이상 더 좋을 수가 없다.

명상과 과학

새벽 3시 10分경 禪의 世界를 향했다. 30분 이상 명상시간 유지가 되면 고정된 상태에서 4시가 될 것을 목표 삼았다. 명상에서 일어나 마루를 나와 시계를 봤는데 우연 같은 4:00 정각에 초침을 지나고 있었다. 그 순간 시간의 조절도 가능할 것이다. 라는 생각이 들었다. 자유자재 마음먹은 대로 조정할 수 있다는 확신이 들었다. 이미 과학의 실험, 특히 우주선의 조작으로 혜성에 쏘아 올린 우주선이 정확한 밀도 없는 단 한 치의 이상이 어긋나면 지구회구에 불가능하다. NASA가 계약한 중계발표의 repent는 명왕성, 그리고 깜짝 놀란 보고는 地球의 1.6배 크기의

별이 발견되었다는 소식을 전했다. 그리고 거기
에 물의 흔적을 유추했다. 그곳에 生命體의 흔적
이 있었다고 發表했다.

아이를 야단치지 못하는
아빠들에게

어느 일본 책에서 읽은 내용이 기억에 남아 여기에 인용해 본다.

요즘 아빠들은 아이를 야단치지 않는다고 들었다. 아들은 그렇다 치고, 딸을 「엄하게 야단치지(나무라는 짓)를 못한다」고 실제로, 솔직하게 말해준 신문기자를 만난 일이 있다. 「어째서인가요?」하고 물으면, 「역시(아무래도) 미움을 받으면 나도 괴로워서지요」 무슨 당치도 않은 말씀을 하시는 거예요. 그런 덜 된 정신 때문에 아이들이 미움만 키워가는 거잖아요.

그래서인데, 갑자기 아버지의 입장에서 보면, 확실히 좁아터진 집안에서 귀여운 딸한테 싫은 척하거나, 언성을 높이며 노골적으로 보기 싫은 얼굴을 찡그리면, 그것은 마음이 언짢게 된다고 생각된다. 그 정도까지 생각이 미치게 되었을 때, 그렇게 말하면 옛날 아버지들로는, 아이들에게 미움받을지도 모른다는 不安을 안게 되지 않을까 하는 疑問이 생겼다.

나의 아버지는 아이의 태도가 공손치 못하는 등 조금이라도 마음에 들지 않으면, 벼락같이 화를 내시며, 볼 때마다 얼굴빛이 달랐다. 그 직전까지, 아무리 가족이 화목하게 食事를 하는 중이라도, 한순간에 싸늘했다.

「뭐야, 그 건방진 말버릇은. 아빠를 뭐라고 생각하는 거야」
「누구 덕에 학교에 다닌다고 생각하는 거야.

누구 덕에 밥을 먹게 된지 알기나 아냐?」

그리고 마지막에 꼭 「불만 있으면 집을 나가. 義務教育만큼은 마치게 해 줄테니까. 그다음은, 길바닥에서 죽든 旅人숙에 가든, 내가 알 바 아니야」 그런데 나는 그때 당시, 「旅人숙」이 무엇하는 곳인지 알지 못했고, 그곳에서는 도저히 제대로 된 人生을 보낼 수 없는 것이라고 막연하지만 예측은 했었다. 例를 들면, 나에게도 이치가 있다고 생각돼, 아버지의 말씀하시는 속내를 다 알아차리지는 못했어서도, 말대꾸는 용납되지 않았다.

너무하시는구나 하는 반항심이 들어서 집을 나가라고 말하면 그렇게 할 생각으로, 아무도 모르게 저금통을 뒤집어 보았는데 그걸 가지고는 3일도 버틸 수 없다는 現實에 부딪치자, 밤새도록 울다가, 마음을 참을 수밖에 없었다.

나의 坐禪日記

「자라서 클 때까지는 내 말하는 말 따르란 말야. 원칙적으로 아이에는 人權은 없는 거라고 생각해.」

그것이 우리 집의 헌법, 기본적 人權 第一條였다. 아버지의 火는 집안에서만 멈춰지는 것이 아닌, 언제 어디서나, 外出한 곳에서도 他人의 눈을 헤아리지 않고 마구 쏟아붓는 것이다.

나로서는 初行인 海外旅行으로 하와이에 갔을 때도 그랬었다. 와이키키 해변에서 돌연히 Hotel key가 없다는 걸 알고 「아빠가 가지고 있지 않았나요?」고 말하고 나서, 나의 실수였음을 알게 된 순간(결국, 열쇠는 찾았지만), 아버지 얼굴은 빨갛게 되었고, 세상에 온통 겁에 가득찬 나를 꼬나보고, 그 後, 걸어서 Hotel로 가는 도중, 얼마나 많은 外國人이 되돌아보는데도 가시지 않고, 나를 보고 화를 내고 있었다. 간신히, 방에 들어서자 나를 목욕탕 타올로 때리시기 시작했다.

火가 난 아버지의 모습은, 나를 꼬나보시던 증오에 찬 눈을 지금도 나는 잊을 수가 없다.

좀 더 따뜻하고 우아한 아빠였으면 얼마나 행복했을까. 그렇게 생각했던 것이 수만 번이었다. 하지만, 火를 내시고 딸이 빌고 밤을 새고, 그다음날 아침, 내가 풀이 죽어 있는 것을 보시고, 상상할 수 없는 만큼 아빠의 목소리가 부드러워지셨다. 「알았으면 됐어. 오늘 아침은 맛있는 것이라도 먹으러 갈래」

돌이켜 생각하면 그 순간이 「딸에게 미움을 안 받으려고」 작은 배려였을까. 아빠의 교妙한 말씀을 떠올리며, 딸인 나는 공포로부터 해방된 안도감과 함께, 그때를 다시 생각하며, 눈물을 흘리는 것이었다.

「學歷社會」는, 日本의 「豫定調和社會」가 가져온 産物이다. 例를 들면, 「R 中學校→ 都立比谷

高校 →東京大學 法學部→大장성(財務部)」라고 하는 것은, E라고 보고 있다. 이것은 하나의 例이다. 大學이나 그 部에 따라 出身의 rank(서열), 취직처리 傾向 등, 典型的인 凡例가 있다고 믿어왔다. 日本에서는 계속 최근까지, 이렇게 된 「豫定調和」가 認定받아, 거리에서 興 떨어져 나가는 것은 거의 없었다.

日本에서 「學力社會」가 意識되기 始作된 것은, 昭和30年代의 일. 大 hit 映畵「Always 三丁目의 저녁노을 무렵」에 잘 그림 그려진 時代이다. 이 時代에 태어난 「終身雇用」, 「年功序列」, 그리고 「學力社會」가 三位一體가 되었던 日本의 「豫定調和社會」를 만들어냈다고 나는 생각하고 있다.

父母가 아이에게 최종學力의 重要性을 說明하고, 昭和 50年代~平成年代의 始作까지 熾熱한 수험戰爭이 일어난다. 누구든지 努力하면 大學

에 갈 수 있는 時代가 됐기 때문에, 一部 선택받은 學生만이 아닌, 누구라도 마음먹는 名門大學을 도전할 수 있게 되었다. 좋은 大學을 나오지 않으면, 좋은 취직자리를 얻을 수 없다. 누구든지 「豫定調和社會」를 믿어온 행복한 時代였다.

그러나, Bubble이 崩壞한 90年代에는 就職氷河期에 들어서, 社會는 「豫定調和」로서는 이룩할 수 없게 되었다. 실제로 학력에 갇혀 고용으로써 하나의 會社에 계속 근무할 수 있는 사람은 크게 減少했다. 이런 것을 보면, 「學力社會」는 60年代에 태어나, 겨우 30年간 「豫定調和社會」에서 태어난 幻想에 불과했다고 말할 수 있다.

現在의 就職活動에서는, 「出身大學」이 아닌 「出身高校」를 보게 된다는 企業이 적지 않다. 人格形成에 영향을 주는 것은, 地域性이나 校風에

차이가 있는 學校 쪽에 있다고 하는 것이다. 名門大學이라는 名板(간판)만으로는, 企業에 알맞은 人才인지 어떤지, 判斷할 수 없게 된 것은 확실하다.

나는 東京大學, Harvard 大學에서 敎授했던 經驗에서, 日本학교의 能力은 世界第一이라고 생각하고 있다. 知識level의 높이만 가지고 따지는 것이 아닌, 어떤 生을 成就해나갈 때의 조직력의 높이에는 놀라울 뿐이다.

意外로 생각할지 모르나, 園成學園(고교)에는, 학생들에게 「東京大學에 가세요」고 말하는 敎師는 한 사람도 없다. 學力보다도, 학생들이 「장래(미래) 어떤 일을 해서 살아갈 것인가」, 그것을 생각하도록 하는 것을 重視하고 있다.

학생에게는, 자신이 目標를 세워, 그것을 實現하기 위해서, 무엇을 해야 할 것인가, 자신의 미래를 가지고 생각해서 정보수집을 하기를 바란다. 우리들이 할 수 있는 것은 그들 손을 붙들 수 있게 도움 주는 정도이다.

화가가 되고 싶다는 학생에게는 畫家를, 數學研究者가 되고 싶은 학생에게는 大學教授를 소개해주는 일도 있었다. 저마다 갖고 있는 흥미와 관심을 끌어내는 「잠재능력 씨앗 뿌리기」와 能力을 성장시키는 「개별지도」야말로, 우리들 教育者가 해야 할 일이라고 생각하고 있다.

나의 坐禪日記

찜통더위에 보내는 모노편지

32℃~35℃ 헉헉 숨막히는 찜통 더위를 어떻게 보내시나요?

당신은 지금 이 순간 幸福한가요? Surely good

진정 幸福하던가요? Yes.

정말로 幸福하시나요? No. No. 그냥 그냥

(죽는 날까지) 하늘은 우리의 부끄러움 없는 삶을 살고 있다고 生, 老. 病, 死

Buddha는 出家하여 修行에서 큰 깨달음을 얻어 得道한 것이 解脫 → 涅槃하셨다 합니다.

80을 너머 분초를 다투며 지내는 人生의 마지

265

막 벗이여!

어디에 계시며, 무엇을 하시며 어떻게 보내고 있으신가요?

生의 끝자락에서(100세 시대)를 꿈꾸는 삶은 幸福한가요?

人生의 궁극적인 물음에 宇宙탄생 以後에서 現在 이 시각까지 그 물음에 答을 내놓는 賢人 聖者 君子도 그 아무도… 이런 것이야, 어린 것이라고 속 시원하게 단비를 내려 주신 사람이 없겠지요. 우리는 친구 중 道에 이른 분이 있다는 반가운 소식도 없지 않다는 저어간의 단비 소식은 있다 하세요.

죽을 것 같은 아픔과 고통 때문에 Meditation, The First & last freedom을 만났습니다. '심한 두통과 어지러움' 때문에 삶의 활기를 잃고 순간순간을 버티다가 만난 것이 바로 이 책.

나의 坐禪日記

나의 유서

1. 너의 어머니와의 인연이 없었으면, 나는 지금까지 내 命(목숨)을 잇지 못했을 것이다. 허약체질로 태어난 나는 너의 어머니의 헌신적 사랑이 없었던들 나의 *存在* 그리고 너희 두 아들과의 만남은 없었을 것이다. 나는 죽을 때까지 너의 엄마의 헌신적이고 사랑이 넘치는 신념이 없었다면 지금까지 수명을 연장할 수도 없었을 것이다.

2. 솔직히 나는 네 엄마보다 먼저 죽기를 원하고 있다. 네 엄마의 헌신, 그리고 믿음, 소망, 성

취를 고스란히 담아낼 수 있는 넉넉하고도 알뜰한 노력이 너희가 대학을 나왔고 박사학위를 땄고, 어디다 내놓아도 부끄럽지 않은 삶을 살아왔다는 자부심을 갖게 했다. 나의 소망, 죽은 후 어머니의 의사를 최대한 존중할 것과 평소 어머니가 즐기시던 조건을 만들어 드릴 것을 부탁한다.

3. 엄마에 대한 나의 사랑은 저승에 가서도 100년, 천 년, 그리고 영원히 이어지기를 날마다 자고 나면 간절히 기도하면서 살고 있다. 영화의 한 장면을 떠올린다면 님아, 여보! 먼저 가지 마시오! 유서를 쓰려고 마음먹은 것은 오래전부터 생각한 바가 있었다. 다만 미안하고 미안하고 감사하고 감사하고, 그리고 결혼의 약속 가운데 "사랑하면서 열심히 살자"는 love letter가 내 人生의 시작이자 종말이다. 그리고 죽는 순간까지도 나는 네 엄마의 모든 것을 사랑했다. 나이 들면서는 더더욱 그 뜨거운 마음과 정성은 세상

어디에 내놓아도 부끄럽지 않다. 그야말로 하늘만큼 땅만큼 사랑 즉 헌신을 무덤까지 가지고 가야 할 각오가 돼 있다.

4. 내 유서에는 한 점 부끄러움 없어야 하겠기에 미리 두서없지만 순서는 써 가는대로 필이 움직이며 가고 있다.

5. 세상에 두 형제를 하늘이 주었다. 사노라면 고통이 따르는 법인 것은 긴 설명이 필요 없다. 그런 고통을 헤쳐가면서 매일매일이 새로운 마음으로 시간을 낭비하는 일 없이 人生의 마지막을 정리해 두어야 한다고 믿는다. 내 소망은 나의 人生 회고록을 쓰고 싶다.

아버지의 전원일기

봄비를 안고

황량한 들에도 봄은 오는가.

연두색 초록빛 물결이 산과 들에 충만하다.
황사로 뒤덮인 하늘, 산불이 훑고 간 검은 대륙,
아직도 검은 연기는 우리의 심장을 후비고 있다.
그래도 봄은 어제처럼 오늘 우리 곁으로 찾아오
고 있구나!

봄, 한강다리 후미진 곳에서도 고개를 쳐들고
나오는 저 푸른 싹, 생명의 탄생을 보고 경이로움
에 놀란다. 우리 마을 산언덕에 높이 솟은 삼각형
양옥집 세 채는 걷는 이의 발걸음을 멈추게 한
다. 눈 내리는 겨울은 동화의 나라에서 숨쉬고 봄
은 따뜻한 햇살을 받고 있다. 밤이면 별은 총총 감

격과 감사의 신비를 자아내고 있다. 나는 새벽을 일깨우는 마음으로 대문을 박차고 나간다. 신선한 공기, 달콤한 향기, 청정의 우주를 헤아리는 보살이 되어 본다.

거리는 겨울을 잊은 듯 파아란 나뭇잎으로 물들고 있다. 어린 학생은 마냥 즐거운 듯 환희에 찬 얼굴을 화폭에 담고 힘찬 걸음을 내딛고 있다. 달려가 꼭 껴안고 격려하고픈 말이 입안에서 맴돈다. 꽃비처럼 달콤한 하늘비가 갈증의 흙을 흠뻑 적시기를….

나 혼자만의 기다림은 아닐 것이다. 언제고 젊은이고 싶은 오월의 푸른 꿈은 인생의 찬미다. 감사와 기쁜 마음이 가슴 벅차게 솟아오르는 그 순간 위대한 깨달음의 불심(佛心)도 마다하지 않으리라.

꽃도 제 고향에 있기를
원하고 있다

산에서 취나물을 캐 왔다. 산을 내려오면서
아내는 내게 질문을 던졌다. 산에 쓰레기를 버리
는 것과 산꽃을 캐 가는 것 중 어느 것이 더 죄가
클까? 나는 답을 할 수가 없었다. 우리는 웃고
있었다. 글쎄….

며칠 전에 우리는 앵초풀을 캐어다가 마당 응
달에 심었다. 캐면서 무척이나 멈칫멈칫했다. 캐
다 보면 뿌리가 길게 뻗쳐 흙이 매달려 올라온
다. 이렇게 깊이 뿌리가 박혀 있으리라고는 미처
생각하지 못했다. 보는 순간의 아름답던 꽃과 캐
어낸 꽃의 자태는 사뭇 달랐다. 자연을 있는 그

나의 坐禪日記

대로 바라보는 아름다움에 감사할 줄 알아야 할 것을. 캐어낸 순간 꽃은 꽃으로서의 생명체의 조건이 망가진 것이다.

마당에 심어서 제구실을 하게 될지 죽을지 판단할 수가 없다. 다만 살기를 바랄 뿐이다. 산에서 핀 꽃을 그대로 보는 심안(心眼)이 내게 부족했던 탓일까. 욕망이 심안을 덮어버렸다. 나는 자연을 훔치고 있지 않았나, 꽃을 훔치고 있지 않았나 자책하고 있었다.

무주공산(無主空山)에 핀 꽃이 왜 주인이 없단 말인가? 모든 사람이 주인이요 자연이 주인임을…. 그때는 손이 먼저였고 마음은 그다음이었나 보다. 내가 나를 욕되게 하고 내가 나를 부끄럽게 만든 내가 미워졌다. 결국 나는 살인하는 행위로까지 확대해서 생각이 미치고 있었다.

가슴 설레는 분홍빛 진달래꽃

새벽 공기를 가르면서 헤쳐나가는 발걸음은 가볍다. 사리문 박차고 나가는 길에 아직 잠에서 덜 깬 마을이 고요 속에 파묻혀 있다.

우리는 어제처럼 산으로 향했다. 그가 와 있겠거니 고개를 동산 쪽으로 옮겼으나 보이지 않았다. 몇 발자국 옮기자 나의 가시거리에 반가운 손짓으로 아침을 맞고 있었다. 우리는 곧 한 그룹이 되어 마을 끝간 데를 지나고 잣나무 오솔길 숲속을 향했다. 상큼한 냄새. 어제와 다른 솔잎 냄새, 싱싱하고 파란 녹색이 사방에 흩날리고 있었다.

이윽고 두 개의 무덤이 가지런히 위치하고 있

는 공터에 올랐다. 심호흡을 하며 팔다리를 움직여 가벼운 체조를 했다. 상쾌한 공기, 바라보이는 조망, 산속 같은 이곳이 황금땅을 발견한 것 같았다. 좀 더 위쪽으로 숲속을 향해 걸었다. 아직 새순이 덜 나온 숲속 나목들 가지에는 초록빛이 물들기 시작하고 있었다. 약 4미터 거리에 두 폭의 분홍빛 색시처럼 진달래꽃이 고개를 들고 서 있지 않은가?

아! 4월 6일, 이른 아침. 이 숲속에서 분홍빛 진달래꽃은 고운 자태로 사위는 향기와 아름다움으로 세상을 밝히고 있었다. 문득 소월의 '진달래꽃' 시가 내 입에서 터져나오기 시작했다.

여보, 지난밤 눈이 왔어요

새벽에 눈을 떴다. 커튼을 여는 순감 마당에 하얀 눈이 쌓여 있었다.

"아 밤에 눈이 왔어요"

하고 아내에게 말하자 아내는 잠자리에서 일어나 밖을 쳐다보면서 놀라움과 반가움으로 응답하고 있었다.

"그렇군요!"

두 번째로 눈을 맞은 이 순간 걱정도 잊었다.

작년에 눈오는 날 밤차를 타고 오다 아슬아슬한 죽음의 고비를 느낀 적이 있었으니, 순간의 오싹함을 떨쳐버릴 수 없었다. 그러나 착각이 이런 것인가. 동이 트이자 밖을 내다보았을 때는

나의 坐禪日記

우리 집 마당에 새벽에 보았던 하얀 눈이 온데간데없었다. 완전한 착각이었다. 그리고 생각에 잠겼다. 달에 비추어진 마당의 눈이 몇 시간 사이에 어디로 날아갔단 말인가. 신기하다 싶었다.

잔디 위에 하얗게 비추었던 달빛은 잔디 위를 눈으로 만들어낸 것이었다. 하늘에는 별이 반짝이고 달은 유난히도 밝았다. 천지가 대낮처럼 밝았다. 별과 달 그리고 하늘뿐 아니라 우주가 온통 청정 그대로였다. 우리 집 잔디마당에 쏟아부었던 그 하얀 눈은 흔적도 없다. 달빛에 비춘 마당의 하얀 눈은 분명 나를 눈 속으로 여행을 떠나게 했다.

확실치는 않으나 『백야』라는 소설을 읽은 기억이 솟아났다. 핀란드를 중심으로 전개되는 발틱연안 눈 많은 나라를 무대로 펼쳐진 그 소설은 너무도 아름다웠음을, 그 백야, 달빛의 고요를, 우주를 탄생시킨 그 절대자는 누구일까? 아름다운 이 밤에 감탄을 토해내고 있었다. 그리고 하늘을 바라보면서 한참 동안 어릴 때의 충동을 회사하고 있었다. 다시 한번 그 『백야』를 읽고 싶은 충동이 일었다.

　세상이 이렇게 아름다울 수 있을까! 적멸(寂滅)이 둘이 아니라 하더니 나는 마치 밤의 산사에서 스님의 목탁 소리를 들으며 우주와 자연의 섭리 앞에 머리 숙여 절을 하고 싶었다. 이런 밤에 영원히 머물러 있었으면 하는 상상 속에서 깨어나고 싶지 않았다.

인간이 그리워하는 이상향

봄은 기다림이 있어 좋다. 봄은 화려하고 따뜻한 계절이다. 나는 봄을 기다린다. 무섭게 추웠던 겨울을 생각하면 봄을 기다리는 사람이 어디 나 혼자뿐이랴.

봄이 오면 산과 들에 피는 꽃이 아름답다. 눈을 뜨고 사방을 둘러봐도 봄처럼 좋은 계절이 없을 성싶다. 봄이 되면 생명체가 비를 타고 천상에서 지상으로 내려오는가 보다. 자고 나면 마당에 내린 이슬이 잔디를 적시곤 한다. 진주이슬이다. 보석처럼 아름다운 것을 그 이슬에서 느낄수 있다. 비를 기다리는 내겐 이슬이 예사롭게보이지 않는다. 그것이 전부 빗물이었으면 하는기대로 내 가슴은 이슬로 가득하다.

마당에서 잔디를 밟노라면 발에 스며드는 물기가 여느 때와는 다르게 싱그런 향기를 내며 내 코를 자극한다. 대지를 촉촉이 적시는 비를 떠올리다 못해 고개를 들고 하늘을 보며 오늘도 비 올 기미가 없어 보여 원망스러운 자탄을 하게 된다.

봄은 바쁜 시기다. 우리 동네만 해도 그렇다. 논과 밭에서 일하는 농부들이 대부분 나이 드신 할아버지와 할머니이다. 중견 농부들의 모습은 드물다. 다 어디로 가고 없다. 봄갈이에 손과 발이 흙투성이고 옷이 새까맣다. 그들은 하루 종일 논과 밭에서 땀을 흘리고 있다. 해는 또 얼마나 긴가? 새벽부터 어둑어둑해질 때까지 쉴 사이 없이 바쁘기만 하다. 일하는 모습이 너무도 아름답고, 고마울 수가 없다.

천사들의 합창이 기다려지는 것이 봄이라면 나는 이 봄의 대상을 그림으로 그려보고 싶다.

봄의 여인을 생각한다. 패션모델을 생각하면 가슴은 더 뛴다. 늘씬하고 화려한 성장을 하고 무대에 선 아가씨들은 봄을 기다리며 가슴을 태우리라. 봄은 패션이 여인을 초대하는 특별한 계절이다. 시기를 놓치면 아름다움을 잃어버린다. 그리하여 무대는 쓸쓸해지고 돌아가는 발길은 아쉽고 허허로워진다.

봄을 청춘이라 부른다. 희망이라 하면 가슴도 터질 듯한 낭만과 자유가 활활 타오르는 고운 빛깔이다. 늙는 것을 모르는 것이 봄의 특징이다. 늙음의 반대를 청춘으로 올려세우는 인생의 디딤돌이다. 그 에너지는 인생의 값진 보석이다. 나이 들어 느린 움직임에 자신을 지치게 만든다.

봄은 인생의 꽃이다. 세월에 훈장을 달아준다면 봄은 단연코 사계절 중 으뜸이 될 것이다. 봄은 생명이 약동하는 신의 섭리 같은 것을 느끼게 하는 힘의 작용이 발산한다. 봄은 속삭이면서 온다. 산에서는 새소리들이 점점 가까이에서 들려온다.

봄의 아침은 찬란하다, 봄의 오후는 황홀하다. 봄의 저녁은 은은하다. 찬란한 빛, 황홀한 빛, 은은한 빛을 만드는 마술사 같다. 빨강, 노랑, 하양, 파랑, 보라, 형형색색이 햇살에 비쳐 극치의 예와 지고의 미를 아우른다. 넘칠수록 풍부해지고 다듬을수록 화려해지고 가꿀수록 매혹을 발산하는 것이 누구에게도 양보하려 하지 않는다. 양보하면 죽는 줄 아는 것이 봄의 본질적 생태다. 행복의 꿀을 따는 벌과 같다.

내 집 마당에서 봄빛이 무르익는 시적 영토가 부서질까 두려워진다. 꽃밭을 넘나드는 벌과 나비는 축복의 잔치에 초대받은 큰손님들이다. 그리고 환상의 꿈을 꾸는 신혼부부의 모습이 내 손끝에 닿을 것 같은 때 나는 행복이 무엇일까 문을 두드려 본다.

나는 잠시 행복론을 의식하며 상상의 날개를 펼쳐본다. 가까이 있는 행복을 멀리서 찾고, 멀리 있는 환상을 행복으로 착각하며 끝없이 욕심 부리는 질주의 얼굴들을 본다. 따지고 보면 사람은 행복을 추구하는 것이 인생의 지상목표일지도 모른다. 봄은 행복 추구를 위한 생명의 씨앗을 갖다주는 신의 은총일 수도 있다.

내 집 마당에서 멀리 내다보이는 남한강은 자연의 선물이다. 축복의 호수다. 강변을 따라 즐비하게 늘어서 있는 명소의 입간판도 관광버스 타고 가는 나그네의 여정을 돋아준다. 우리 마을에서 잘 알려진 '힐하우스' 주차장에 승용차가 넘치는 것을 보면 정년 봄은 유혹의 물결처럼 흐르기만 하나 보다. 방금 승용차 밖으로 나오는 화사한 중년 부인의 성장은 남성을 매료시키기에 족할 것 같다. 세상을 다 주어도 만족할 줄 모르는 욕망의 절정에는 나를 함몰시키는 함정도 숨

어 있으니까. 내일 내가 죽는다 할지라도 오늘만
은 살겠다는 의지의 화신에 혼을 빼앗길까 걱정
된다.

날마다 새롭게 새롭게 연초록빛 무늬로 물들
어가는 산은 우리를 그냥 부동의 정지상태로 묶
어두지 않는다. 요즘 우리 사회 일각에서 이민
이 부쩍 늘어가고 있다. 이 아름다운 산하를 두
고 조국을 떠나려는 사람들도 푸르름을 더해가
는 조국의 산하를 다시 한번 생각하라고 말하고
싶어진다.

나는 오늘도 봄비를 기다리는 단꿈을 꾸고 싶다.

나의 坐禪日記

봄의 산책

　현관문을 나서면 봄의 향기가 묻어나온다. 은은한 향기와 고운 꽃빛깔에 나는 매료된다. 나는 벌써 봄 한가운데에 와 있음에 스스로 놀란다. 훨훨 타오르는 빨간 철쭉은 아름다운 빛을 하염없이 쏟아내고 있다. 내 시선을 빼앗아간 그 화려하고 찬란한 이른 아침을 잊을 수 없다. 매혹의 여인을 맞는 아침인가, 계절의 여왕 5월은 봄을 뽐내고 있는 것이다.

　맑고 향기로운 공기를 마시면서 나는 꽃밭에 에워싸여 있다. 아침을 여는 새벽은 하늘의 문이요, 땅의 문을 여는 이슬은 대지의 어머니 같다. 봄 속에 내가 살고 있다는 것에 대해 나는 감사한다. 사방을 둘러봐도 꽃과 나무, 그리고 잔디

는 이슬 머금고 나비와 벌, 새들은 사람들을 초
대하고 있는 것 같다. 뒤뜰 채소밭은 아내의 손
을 기다리고 앞마당 꽃밭은 나의 물주기를 기다
린다.

봄의 부끄러움과 야속함이 있다면 그것은 단
비에 대한 목마른 갈증이다. 일기예보에 민감해
진 나는 꽃에 물을 주면서도 하늘의 먹구름을 바
라보게 된다. 일을 마치고도 기분이 상쾌해져,
기대와 성취감이 상승되고 고단한 것을 잊어버
리는 까닭이 여기에 있다.

일손을 놓고 한참 동안 꽃을 관찰하고 있노라
면 기쁨과 즐거움이 솟는다. 내 입가는 행복한
미소로 얼룩지고 조용히 아내를 불러낸다.
"여보, 이 꽃을 보아요."
어제 없었던 패랭이꽃이 피어 있다고 놀라워
한다. 죽은 줄 알았던 감나무 가지에서 파란 새
싹이 돋아난 것을 보고 우리는 얼굴을 마주 보며

흐뭇한 미소를 짓게 된다. 유년시절 산에 핀 꽃을 보고 신기해하던 때가 바로 어제 같았는데….

나는 가끔 꽃을 꺾어다 내 책상에 꽂아놓곤 했었다. 나는 고향의 그 푸른 잔디를 평생 잊을 수 없다. 날로 날로 파랗게 변해 가는 푸른 잔디를 보고 있다. 환상의 꿈을 꾸며 여행을 떠났던 추억의 단상이 되살아나곤 하는 것이다.

내가 자연 속에 파묻혀 사는 이유를 대라고 하면 서슴지 않고 행복 만들기의 노년을 보내기 위해서라고 대답할 것이다. 앞산 뒷산은 푸르름이 무성하고 남한강 잔잔한 물결과 노을 진 붉은 경관을 만끽하면 나는 세상을 다 가진 주인이 되고 만다. 속된 세상 멀리하고 평화의 기도를 드리는 시간은 나를 기쁘게 해 주는 생활의 리듬이다.

꽃은 언제 보아도 아름답다. 그 빛깔은 더 아름답다. 그리고 그 맑은 향기는 나를 취해버리게 하기에 족하다. 행복을 추구하는 것이 인생의 목표일진데 어디서 산들 상관있으랴, 청산에 살면 그리운 사람을 그리워하는 것이 자연의 가르침이다.

내 집 안마당을 찾아오는 귀한 나비와 벌은 단골손님이자 친구가 되어버린 지 오래다. 이쪽저쪽 맴돌다가 꽃 속에 파묻혀 꿀을 따고 있는 벌은 사람마다 행복할 것 같은 생각이 든다. 가까이 다가서면 윙윙 소리내어 사람을 쫓아버린다. 그에게 있어 나는 방해물이니까.

내가 살고 있다는 존재의 행복감은 생명을 잉태시키는 봄에서 느낀다. 어제는 할미꽃, 오늘은 꽃잔디, 내일은 또 국화꽃이. 이어서 피고 또 피면 기다림과 그리움이 여름을 삼킨다. 나는 오늘도 꽃을 가꾸는 원예사로 변신하여 소박하고도 단순한 기쁨에 감사하며 살아간다.

현각 스님

경북 영주군 부석면 현정사(現靜寺) 주지(住持)
로 부임한 미국 하버드 대학 출신의 현각 스님은
4월 22일 오후 가사장삼을 차려입은 모습으로
환하게 웃고 있다. 그 환하게 웃고 밝고 맑은 모
습을 한 현각 스님을 곧 알아볼 수 있었다.

벽안의 눈, 파란 눈의 미국 사람, 현각은『하
버드에서 화계사까지』라는 책을 저술하여 베스
트셀러의 작가가 된 사람이다. 살아 있는 부처
라도 만난 것처럼 나는 그 신문기사를 한참 동안
바라보았다.

내가 불교에 인연을 맺은 동기를 생각해 보았
다. 정년 후 내 생활의 대부분을 부처님께 가깝

게 다가서 보려는 시도로 보내고 있다. 실 따라 바늘 가는 부부 일심동체는 나를 그곳으로 빠지게 했는지도 모른다. 아내는 고교 시절부터 이광수의 소설에 심취했고 특히 '이차돈의 죽음', '사랑' 등 소설 속의 주인공들은 지금 이 시간, 이 순간에도 살아서 숨을 쉬고 있다고 했다.

부처님 얘기는 인생의 좌우명을 밝히는 데 철학이 되었다. "당신과 결혼하지 않았으면 비구니가 되었을 것"이라고 가끔 나를 놀라게 하는 아내의 말이 종종 생각난다. 아내는 나보다 불교의 선배다. 우리는 동산불교대학에 등록을 했다. 본격적으로 불교를 공부하려는 욕심에서 출발했다. 부끄럽게도 작심삼일이라 하더니 자신을 꾸짖는 내가 미워지기 시작했다. 그러나 다 버리고 다 잊은 건 아니다. 아무튼 가슴에 불을 당긴 부처님의 깨달음 세계를 향하고 있으니까.

나는 신문에 실린 현각을 보자, 직접 만난 것

처럼 반가웠다. 한국 사찰 미국인 주지 1호. 그 사람, 벽안의 스님. 그가 현정사와 처음 인연을 맺은 것은 우연이 아니다. 지난해 가을 대중활동을 잠시 쉬고 혼자서 수행할 곳을 찾던 그는 현정사를 창건 중이던 정광명장(鄭光明藏) 보살을 소개받고 이곳에서 100일간 무언정진했다. 현각 스님은 말한다.

"작은 방에서 혼자 지내며 기도와 참선을 하면서 물소리 바람소리와 함께 살고 싶다는 생각을 했습니다. 서울의 복잡한 생활에 회의를 느끼고 있던 터라 단순, 소박하게 사는 마을 사람들의 모습에 신선한 충격을 받기도 했습니다."

나는 현각 스님의 책을 읽고 크게 감명받았던 기억을 잊을 수 없다. 서양문물에 빠진 젊은이들에게 한국 불교의 위대함을 깨우칠 수련 프로그램을 만드는 데 힘쓸 것을 생각하는 그의 수행철

학은 내게 단비를 내려주는 것 같기도 했다. 37세의 젊은 나이에 명문 하버드 출신으로서 그가 한국 불교의 위대함을 깨닫고 있는데 나를 비롯 젊은 한국 사람은 정작 자기 문화의 정체성을 잃어버리고 있는 것이 부끄러웠다. 우리의 것을 업수히 여기고 남의 것, 특히 미국의 소비문화에 중독된 요즘 사람들에게 깨달음이 무엇인가를 밝혀주는 길잡이로서도 추천, 일독을 권하고 싶은 책이었다.

한국보다 세계에 널리 알려진 숭산 스님의 제자인 그가 더욱 돋보이고 있는 것도 눈여겨볼 만하다. 사실 나 자신이 숭산 스님을 알게 된 것도 불과 1, 2년 전의 일이다. 서울 한복판에 화계사, 국제선원이 있다는 것조차 모르고 있었으니 할 말을 잃는다.

아마도 장차 현각 스님은 현정사를 우리나라에서 우뚝 서는 절로 바꾸어 놓을 것이라는 믿음이 강하게 일었다. 동기와 철학이 순수하니 어찌 부처님의 가호가 없을까. 현정사를 찾는 신심 깊은 불자들은 그곳을 향해 불심을 태우리라 의심치 않는다. 지나치게 또 뜨겁게 불자들의 발길이 끊이지 않을 것이다.

5월이 오면 나도 그곳을 찾겠다는 생각이 없지 않다. 나에게 새로운 시작과 각성을 일깨워준 이 신문기사는 가장 큰 오늘의 선물이었다.

고희(古稀)에 철이 들다니

알고 싶은 것이 너무 많다. 그것도 그냥 막연히 알고 싶은 것도 있겠지만, 깊이 있게 넓게 알고 싶은 것이 한없이 많다. 욕심 같아서는 인류가 쌓아놓은 지식의 보고를 송두리째 다 섭렵하고 내 것으로 만들 수 있으면 얼마나 좋을까 싶다. 허망한 꿈을 성취하고자 하는 생각 때문에 괴로울 때도 많다. 사람의 마음, 사람의 취미도 각양각색이지만 하고 싶은 것, 읽고 싶은 것, 갖고 싶은 것, 인간의 욕망은 끝이 없다.

우선 시간이 많지 않다는 게 불만스럽다. 그 많던 과거의 시간을 헛되게 낭비했다고 생각하면 원망스럽고 후회스럽다. 잃어버린 시간, 흘러간 시간은 되찾을 수 없다. 세월이 흘러 이순(耳

順)의 나이에 이르러 그것을 깨달았으니 바보 같은 나의 지난날들이었다.

알고 싶은 것, 그것도 자세하게 환하게 알고 싶은 것들이 왜 그렇게 많은지 모르겠다. 밤을 새면서 읽고 생각하고 쓰고 싶은 것들이 쌓이고 쌓였는데 이런 것들을 새롭게 만들어내는 창작력이 부족한 내가 원망스러워진다. 기가 막히게 나를 사로잡는 글귀들, 그중에서도 나의 가슴을 쥐어짜는, 간을 녹아내리게 하는 문장들, 옥인가 하면 금이고 금인가 싶으면 옥인, 떠올랐다 가라앉았다 어디론가 끝모르는 세계로 끌고 가는 아름다운 문장들…. 수정처럼 맑은 물 따라 발이 빠져 젖는 것도 모르고 사뭇 길고도 깊은 삼매(三昧)의 맛은 무상(無上)의 열락(悅樂)이 아니고 무엇이던가.

나이가 든다는 것은 철이 드는 것이다. 철이

든다는 것은 인간이 성숙해간다는 뜻이다. 성숙은 인간에로의 회귀이다. 사람은 이렇게 사는 것이었어. 일생은 이렇게 순교적인 태도가 요구되는 것이라고 묻게 되는 것이다. 허망한 구름을 잡는 듯 방황의 계절을 휘젓고 다닌 것 같아서 한없이 부끄러움으로 고개를 들지 못하게 만든다. 사춘기의 꿈에서 갓 태어난 맑디 맑은 소녀처럼 문학, 예술, 철학, 종교, 세계에 심취해 보고 싶었다. 잃어버린 시간을 되찾을 수 있다면, 인생을 되돌릴 수 있다면, 나는 강단에 서서 젊은이와 토론하고 싶은 것이다. 나의 인생 열정을 오로지 학문 세계에 바치고 싶은 것이다.

고희에 와서 나를 발견하고 통곡하고 내 자화상은 잎이 다 떨어진 11월의 한 그루 나무였다.

빛과 이슬

　찬란한 아침을 본다. 눈을 의심하리만큼 빛나는 아침을 의식한다. 뜰의 잔디는 유난히 반짝인다. 보석처럼 찬란한 광채를 발하고 있다.

　아침햇살이 퍼지면 은하수처럼 아름답게 지상을 장엄하게 한다. 더 이상 없는 좋은 생각, 사념에 빠진다. 응시하는 시선에서 상(想)과 환(幻)의 세계로 날개를 달고 간다. 이슬에 비추이는 빛은 만색으로 화작(化作)하고 있음을 관찰하는 순간이다. 빛의 작용, 빛과 이슬 그리고 풀이 하나의 작품을 탄생시키고 있다. 내가 화가라면 화폭에 그림을 만들어낼 것이오, 내가 시인이라면 아름다운 시를 쓸 것이다.

　마당 둘레에는 소나무, 모과나무, 단풍나무,

주목, 오엽송, 감나무, 대추나무가 어우러져 있어 아침의 행복을 잉태시키고 있다. 게다가 심지도 아니한 해바라기는 키가 훌쩍 커서 해를 향해, 고고히 마주하는 노랑 빛깔은 티 없이 대지를 밝히고 있다.

어느 틈에 소나무 그늘이 잔디 위에 그림을 그리고 있다. 천지가 푸르름이요, 그 푸르름의 자태는 그냥 있는 것이 아니라 시시각각으로 모습을 달리하고 있음을 알 것 같다. 빛깔은 우리가 알고 있는 색에 국한되어 있지 않고 헤아릴 수 없고 셀 수 없는 무수한 색으로 변화하고 있는 신비한 질서가 있음을 안다. 우주의 신비, 자연의 신비, 인체의 신비는 우연이 아닌 필연의 질서 속에 공존하고 있음도 확인할 수 있을 것 같다.

신비를 느낀다면 신을 믿으라고 하고 싶다.
신비를 느낀다면 불교에 입문하라고 말하고 싶다.

신비를 느낀다면 과학을 공부하라고 말하고 싶다.

불가사의한 절대의 힘을 어디서 찾든 존재가 존재하고 있음은 생(生)과 멸(滅)의 순환을 바로 내 집 뜰에서 관찰하고 있지 않는가 말이다. 그렇다. 잔디밭에서 잡초를 뽑다 보면 눈에 잡히지 않는 작은 풀꽃이 손에 잡힌다. 보라색, 노란색, 흰색, 제각기 독특한 생명을 지닌 그것들이 가엽게 쓰러지게 된다. 표현은 쓰러진다 하지만 생명의 살생이 내 손에 의해서 자행되고 있는 것을 부인할 수 없다. 뽑아버릴까 싶다가도 내일로 미루고 앞과 옆, 그리고 조금 떨어진 곳에 자리하고 있는 잡초를 제거하게 된다.

자고 나면 하늘에서 내린 이슬을 머금고 삿갓 쓴 하얀 새끼 송이버섯이 이곳저곳 군락을 이루고 있어 시선을 모으기에 충분하다. 오후가 되면 정원의 분위기를 살려주던 그 버섯나무들은 자취를 감추어버린다. 그다음날 아침이면 또다시 손짓하며 아침인사를 한다.

뜨거운 열기가 창밖에서 마루 안으로 더운 입김처럼 젖어들면 나는 일어서 바깥을 내려다본다. 이슬이 걷히고 햇살이 퍼지면 뜰 창공에는 빨간 잠자리떼가 원을 그리며 주위를 즐긴다. 하늘과 창공 사이 빈자리만 골라서 나지막하게 나래를 펴 꽃을 찾고, 노랑나비는 꽃잎에 앉아 꽃과 입맞춤하고 있다.

환희의 기쁨을 안고 내 발걸음은 뒤뜰 창고로 옮긴다. 오늘의 일거리에서 삼매(三昧)를 찾는 것도 내겐 더없는 인생의 의미를 주었기 때문이다.

NOTE

NOTE